ARIADNE VON SCHIRACH unterrichtet Philosophie und chinesisches Denken an verschiedenen Hochschulen und hält Vorträge im In- und Ausland. Zudem arbeitet sie als freie Journalistin und Kritikerin. Sie wurde bekannt als Autorin der Sachbuch-Bestseller *Der Tanz um die Lust* (2007) und *Du sollst nicht funktionieren. Für eine neue Lebenskunst* (2014). *Die psychotische Gesellschaft. Wie wir Angst und Ohnmacht überwinden* (2020) bildet als dritter Teil den Abschluss dieser ›Trilogie des modernen Lebens‹. 2016 veröffentlichte sie das psychologische Fachbuch *Ich und Du und Müllers Kuh. Kleine Charakterkunde für alle, die sich und andere besser verstehen wollen.* Auch ihr neuestes Buch *Glücksversuche. Von der Kunst, mit seiner Seele zu sprechen* war ein *SPIEGEL*-Bestseller.

Tropen
www.tropen.de
© 2021, 2023 by J. G. Cotta'sche Buchhandlung
Nachfolger GmbH, gegr. 1659, Stuttgart
Alle Rechte vorbehalten
Cover: FAVORITBUERO, München
unter Verwendung einer Abbildung von
© Werner Forman/UIG/Bridgeman Images
Gesetzt in den Tropen Studios, Leipzig
Gedruckt und gebunden von Druckerei C.H.Beck, Nördlingen
ISBN 978-3-608-50188-9
E-Book ISBN 978-3-608-11702-8

Dritte Auflage, 2024

Bibliografische Information der Deutschen Nationalbibliothek
Die Deutsche Nationalbibliothek verzeichnet diese Publikation in
der Deutschen Nationalbibliografie; detaillierte bibliografische
Daten sind im Internet über http://dnb.d-nb.de abrufbar.

Ariadne von Schirach

—

Glücks versuche

Von der Kunst,
mit seiner Seele
zu sprechen

TROPEN SACHBUCH

Für Aurora

Wir bestehen alle nur aus buntscheckigen Fetzen,
die so locker und lose aneinanderhängen,
dass jeder von ihnen jeden Augenblick flattert,
wie er will;
daher gibt es ebenso viele Unterschiede
zwischen uns und uns selbst
wie zwischen uns und den anderen.

ESSAIS, MICHEL DE MONTAIGNE

Inhalt

Vorwort

Dürfen wir in Zeiten wie diesen nach Glück streben? Wie verträgt sich das gute Leben mit *Environmental Grief*, der Trauer über die Zerstörung der Natur? Ist es nicht unangemessen, sich um das eigene Wohlbefinden zu kümmern, während so viele Menschen überall auf der Welt um Leben, Recht und Anerkennung kämpfen müssen? Und ist diese ewige Suche nach dem Glück nicht ein *First World Problem* von Menschen, die sich weigern, die eigenen Privilegien zu reflektieren?

Vielleicht. Doch das Glück, um das es im Folgenden geht, meint weder Selbstoptimierung noch Positive Psychologie, sondern ein bewusst gelebtes Leben. Trotzdem ist es nicht selbstbezüglich, denn es kreist um Beziehungen und Teilhabe. Vor allem aber steht es in einer antiken Tradition der Lebenskunst, die unter anderem mit dem griechischen Philosophen Epikur begann, der 341 v. Chr. auf der Insel Samos geboren wurde. Als weltanschaulicher Gegenspieler Platons verweigerte sich Epikur jedem außerweltlichen Trost und stellte stattdessen die Freude am eigenen Leben und die Freundschaft mit anderen ins Zentrum seines Denkens. Sein Hedonismus steht dabei nicht für dumpfes Genießen und leibliche Exzesse. Ganz im Gegenteil, die epikureische Freude entspringt einem bewussten und maßvollen Leben, das anständig gelebt und anständig beendet wird.

Vierhundert Jahre später bringt der römische Philosoph

Seneca 49 n. Chr. in seinem Buch *Das Leben ist kurz* diese Tradition einer »Sorge um sich« auf die berühmte Formel, die wichtigste Aufgabe des Menschen sei es, sich um seine Seele zu kümmern. Dieses Bemühen um das eigene Innenleben macht zwar nicht automatisch glücklich, aber es hilft, bewusst zu leben. Was die beste Voraussetzung dafür ist, sich auch in unserer unsicher gewordenen Gegenwart zurechtzufinden. Denn wir brauchen keine andere Welt, sondern ein anderes Bewusstsein dessen, was ist. Und dieses andere Bewusstsein beginnt bei jedem und jeder Einzelnen von uns. Es zeigt sich darin, wie ich mich selbst und die Welt sehe, was mir dabei wichtig ist und was ich deshalb tue und was ich lasse. Doch dafür muss ich mich erst einmal kennenlernen.

Und so sind die folgenden achtzig *Glücksversuche* auch Selbstversuche, in doppelter Hinsicht. Zum einen habe ich alles selbst ausprobiert und erzähle von meinen eigenen Erfahrungen mit guten Vorsätzen, mächtigen Versuchungen, unvermeidlichen Rückfällen und den Freuden des Nichtstuns. Zum anderen regen die *Glücksversuche* die Leserinnen und Leser dazu an, das Gelesene ebenfalls eigenhändig zu überprüfen: Listen wollen angefertigt, Spaziergänge gemacht und Liebesworte ausgesprochen werden. Dabei laden alle *Glücksversuche* – ob es um Beziehungen geht, um das Schenken oder um Humor – dazu ein, sich über seine Neigungen und Bedürfnisse klarzuwerden und dadurch eine eigene Haltung zu finden. Glück ist eine persönliche Angelegenheit, und nur, wer sich kennt, weiß, was ihm oder ihr Freude bereitet. Andererseits ist die Frage nach dem Glück etwas, das uns alle in unserem Menschsein betrifft. Unser aller Glück hat etwas damit zu tun, wie wir mit unserer Freiheit, unserer Unfreiheit und unserer Sterblichkeit umgehen.

Deshalb sind die *Glücksversuche* nicht nur eine Einladung zum Selbstgespräch, sondern auch ein Kompass für antike und zeitgenössische Glücksvorstellungen – ob antike Tugendlehre, Einsichten der Evolutionsbiologie oder psychologische Erkenntnisse zum Umgang mit Zeit, mit Genüssen oder mit Leid. Und obwohl man die *Glücksversuche* einzeln lesen kann, bauen sie doch in gewisser Weise aufeinander auf und bewegen sich dabei mäandernd vom Ich zum Wir.

Aufklärung ist, wenn man Kant folgt, die Befreiung aus der »selbstverschuldeten Unmündigkeit«. Über sich und sein Leben nachzudenken, versorgt einen mit dem Handwerkszeug, über unser gemeinsames Leben und über unsere gemeinsame Zukunft nachzudenken. Denn alles, wirklich alles, könnte anders sein. Dazu schreibt die Schriftstellerin Ursula K. Le Guin: »Wir leben im Kapitalismus. Er erscheint unausweichlich. Doch so erschien auch das göttliche Recht der Könige. Jede Form menschlicher Macht kann von Menschen verändert werden.«

Obwohl wir angesichts der vielen aktuellen Probleme und Herausforderungen anerkennen müssen, dass es notwendig ist, anders miteinander und mit der Natur zusammenzuleben, gibt es Dinge, die seit 2000 Jahren gültig sind. Dass Genügsamkeit Freiheit schenkt, zum Beispiel. Je weniger wir brauchen, desto weniger Zeit müssen wir aufwenden, das Notwendige zu erwirtschaften. Und desto mehr Zeit haben wir für alles, was uns wirklich wichtig ist.

Epikur hat einen berühmten Brief geschrieben, in dem er einen Freund um ein kleines Stück ktyhnischen Käse bittet, »um einmal recht zu schwelgen«. Der Käse war sicher köstlich. Doch wichtiger war ihm der Kontakt mit dem Freund, ebenso wie die Freundschaft als solche. Das gilt heute noch. Wir brauchen einander, aber wir schulden uns auch einander. Nicht nur, weil wir uns das Leben schenken, sondern ebenso, weil wir kollektive Geschöpfe sind. Was dir geschehen kann, kann auch mir geschehen. Mein Glück ist nicht unabhängig von deinem Glück, so wie ich nicht unabhängig bin von dir.

Also Freundschaft immer, Glück in Maßen und ein Stück vom Käse, aber ein kleines. Dafür viel Zeit, um nachzudenken. Denn wie sagte Epikur: »Wir sind ein einziges Mal geboren; zweimal geboren zu werden, ist nicht möglich; eine ganze Ewigkeit hindurch werden wir nicht mehr sein dürfen. Und da schiebst Du das, was Freude macht, auf, obwohl Du nicht einmal Herr bist über das Morgen? Über dem Aufschieben schwindet das Leben dahin, und so mancher von uns stirbt, ohne sich jemals Muße gegönnt zu haben.«

Glück ist erlernbar

Glück ist kein Geschenk der Götter,
sondern die Frucht innerer Einstellung.

ERICH FROMM

Innehalten, um sich die Sonne aufs Gesicht scheinen zu lassen. Ein Abend mit guten Gesprächen. Etwas abschließen, mit dem man sich lange beschäftigt hat. All diese unterschiedlichen Erfahrungen können glücklich machen. Aber was ist Glück eigentlich? Ist es ein Gefühl oder ein Zustand, ist es unerwartet, oder kann man es beeinflussen?

Im Deutschen wird zwischen Glück und Zufriedenheit unterschieden. Das, was wir Glück nennen, ist oft zeitlich begrenzt; ein intensives Gefühl, das einen Moment oder eine bestimmte Lebensphase vergoldet. Im Gegensatz dazu beschreibt Zufriedenheit einen umfassenderen und länger andauernden Zustand, der dafür schwächer ist. Und während Glück etwas Unkontrollierbares und Zufälliges hat, verdankt sich Zufriedenheit bewusst getroffenen Lebensentscheidungen und gut gewählten Gewohnheiten. Fragt man jedoch, was denn das Ziel aller Ziele sei, fällt selten der Satz: »Ich wäre gern zufrieden.« Stattdessen hört man: »Ich möchte glücklich sein.«

Glücklich sein also. Gehen wir fortan davon aus, dass darin alles Weitere enthalten ist: die Zufriedenheit, die vorhandenen und genutzten Chancen, die günstigen Zufälle.

Selbstverwirklichung, Daseinsgewissheit und Lebensfreude. Gesundheit, ein heiteres Gemüt und liebevolle Beziehungen. Doch so vielfältig diese Glücksaspekte auch sein mögen, eines haben sie alle gemeinsam: Wenn wir glücklich sind, befinden wir uns mit uns selbst und der Welt im Einklang.

Nur wie erreiche ich eine solche Harmonie? Dazu schreibt der jesuitische Schriftsteller Baltasar Gracián in seinem *Handorakel:* »Es gibt Regeln für das Glück: Denn für den Klugen ist nicht alles Zufall. Die Bemühung kann dem Glücke nachhelfen.« Glück, vor allem wenn wir es in diesem umfassenden Sinn verstehen, ist also etwas, worum ich mich bewusst bemühen kann – eine Übung, eine Praxis, eine Haltung. Die ebenso von dem Menschen abhängt, der ich bin, wie von dem Menschen, der ich werden möchte.

In ihrem Roman *Labyrinth des Minotaurus* notiert die Schriftstellerin Anaïs Nin: »Wir sehen die Dinge nicht, wie sie sind. Wir sehen sie, wie wir sind.« Die Welt ist demnach, wie wir sind. Wir selbst sind es, die den Dingen Bedeutung verleihen. Durch die Kriterien, die wir anwenden, die Prioritäten, die wir deshalb setzen, und die Entscheidungen, die wir daraufhin treffen. Es ist von Bedeutung, ob ich mir angewöhnt habe, eher die guten oder die schlechten Aspekte einer Sache zu betrachten. Ob ich nachsichtig bin oder nachtragend. Und ob ich mich um Verständnis bemühe oder schnell werte. All dies liegt tatsächlich in meiner eigenen Hand. Auch wenn es leicht ist, dem ersten Impuls nachzugehen, nachlässig und gierig zu sein, andere zu beurteilen und auf sie herabzublicken, macht es die innere Welt klein und uns auf Dauer unglücklich.

Obwohl ich selbst all das schon lange weiß, handle ich oft nicht danach. Später schmerzt es mich oft, dass ich trotz aller Einsicht wieder einmal missgünstig, gefräßig oder selbstsüchtig gewesen bin. Daraufhin nehme ich mir vor, mich in Zukunft anders zu verhalten. Dann enttäusche ich mich wieder. Und beschließe: Diesmal aber wirklich!

Weil es so schwierig sein kann, den eigenen Werten und Überzeugungen gerecht zu werden, besteht das Streben nach Glück für mich immer aus einer doppelten Bewegung: Selbstannahme und Selbsterziehung: »Nicht so schlimm (schon schlimm, aber ich vergebe dir), morgen mache ich es besser (das will ich dir auch geraten haben).«

Ebenso wichtig wie das Bemühen, die eigene Kleingeistigkeit und Engherzigkeit immer wieder bewusst zu korrigieren, ist es zu wissen, was mir Freude macht, was mir Kraft gibt, was mir gefällt. Glück beginnt damit, auf sich selbst aufmerksam zu werden. Unser Glücksempfinden ist sehr persönlich, und nur, wer sich kennt, kann damit beginnen, sich ein Freund zu sein.

Aber Glück hat nicht nur viele Gesichter, es ist auch paradox – einerseits sieht es für jeden und jede anders aus, andererseits gibt es ein paar Regeln, die für uns alle gelten. Die meisten Menschen wünschen sich, gesehen und geliebt zu werden. Und, fast noch wichtiger, selbst zu lieben: andere ebenso wie sich selbst, die hellen wie die dunklen Seiten. Diese Liebe zu sich ist etwas ganz anderes als rücksichtsloser Egoismus. Sie entspringt einer verständnisvollen Großzügigkeit, die ebenso verzeiht wie aufrichtet. Und damit Platz schafft für alles, was wirklich zählt. Es macht uns alle glücklich, geben zu dürfen und für andere da zu sein. Unsere Freude wächst, wenn wir sie teilen, während unsere Sorgen weniger werden. Glück ist also auch ein soziales Gefühl.

Vor allem ist Glück aber etwas, das durch unsere Aufmerksamkeit gedeiht. Wenn wir uns ihm widmen, wird es größer. Dass dabei unser Bewusstsein für unser eigenes Leben wächst, gehört schon zu seinen ersten Früchten.

So tun, als ob

Ich habe einen wichtigen Termin und fühle mich erbärmlich. Ich schaue auf meine To-do-Liste und merke, dass ich nichts geschafft habe. Ich habe schlechte Laune und weiß nicht, wie ich mich für irgendetwas motivieren soll. All das passiert mir öfter, als ich zugeben möchte. Wir alle kennen diese Situationen, in denen das Glück ganz weit weg ist, weil man sich klein fühlt, traurig, unzulänglich. Angesichts des großen Leides in Gestalt von Verlust und Trauer gibt es natürlich Schlimmeres, und doch ist es manchmal kaum auszuhalten, das kleine Leid. Was tun?

In vielen Glücksratgebern steht ein einfacher Ratschlag: So tun, als ob. Sich einfach so verhalten, als sei man schon jemand, der sich liebenswert findet oder um den Wert seiner Arbeit weiß. Um dorthin zu kommen, reicht eine kleine geistige Bewegung: Ich lenke meine Aufmerksamkeit weg von dem, was ist, hin zu dem, was sein soll. Diese Fokusverschiebung ist kein Verrat an meinem Ich, sondern seine bewusste Gestaltung. Viele der Impulse, die wir in uns spüren, sind weder brauchbar noch liebenswert; ich bin nicht authentischer ich selbst, wenn ich zweifelnd zu Hause sitze, und diffuse Gefühle sind auch nicht wahrer als ein fester Entschluss, der ihnen entgegensteht.

Natürlich gibt es auch Gefühle, die sich zum Ausdruck bringen müssen und emotionale Erfahrungen jenseits aller Einflussnahme, beispielsweise in einer Depression. Doch in der Mittellage haben wir Menschen ziemlich viel Gestaltungsfreiheit. Wir sind geistige Wesen, die das, was in uns und um uns ist, auswählen und gewichten und ihm dadurch Gestalt und Bedeutung verleihen können. Und wir können uns entscheiden: für Großmut oder Kleinlichkeit, Entschlossenheit oder Zaghaftigkeit, fürs Loslassen oder fürs Beharren. Dabei gibt es keine richtigen Entscheidungen – nur angemessene. Und sie sind nicht endgültig. Mensch zu sein heißt, jeden Tag aufs Neue darüber nachdenken zu können, wer ich bin und wer ich sein möchte.

Wobei vor allem der Mensch, der wir sein wollen, unserem Leben eine Richtung gibt. Unsere Hoffnungen und Erwartungen in Bezug auf uns selbst sind eine große Antriebskraft. Schon Sokrates sagte: »Sei, was du scheinen willst.« Heute sagen wir: *Fake it till you make it*, täusche es so lange vor, bis du es erreicht hast. Aber geht das wirklich? Können wir uns selbst ins Glück hineintäuschen?

Die Antwort ist ja. Bis zu einem gewissen Grad ist der Wille zur Form stärker als die Schwerkraft der Elemente. Wir können uns nicht glücklich lügen, aber bei kleinem Leid kann es tatsächlich helfen, von dem, was wir glauben zu empfinden, abzusehen. Und von dem, was wir deshalb konkret veranstalten. Denn meist besteht ein Teil dieses Leides darin, dass wir niedergedrückt irgendwo sitzen oder liegen und uns schlecht fühlen.

In solch einer Situation nützt es, sich zu fragen, was man tun würde, wenn heute ein guter Tag wäre. Und es dann einfach tun: frisches Essen zubereiten, sich mit lieben Menschen austauschen, rausgehen. Ich bin fast gekränkt davon, wie gut mir diese einfachen Dinge immer wieder bekommen – gerade wenn alles sehr kompliziert erscheint. Aber nein, auch bei größtem Unbehagen geht es mir nach einem kleinen Gespräch oder einem schnellen Spaziergang deutlich besser. Als sei ich ein dummer Putzroboter, der aus Versehen in eine Ecke gefahren ist und nur jemanden gebraucht hat, der ihn in eine andere Richtung dreht.

Bewegung hilft wirklich jedes Mal. Und eine aufrechte Haltung. Unglückliche Menschen sind gekrümmt, den Blick auf den Boden gerichtet. Die Haltung ist Ausdruck unserer inneren Befindlichkeit. Aber dieses Verhältnis funktioniert ebenso von außen nach innen. Es ist biologisch fast unmöglich, niedergeschlagen zu sein, wenn wir ganz geradestehen, mit lockeren Schultern und erhobenen Kopf. Und es hilft den meisten Menschen, zu lächeln. Einfach die Mundwinkel nach oben ziehen, vielleicht sogar bis zu den Augen, eine Weile so bleiben. Ich habe es ausprobiert, bei mir funktioniert es. Wobei ich mich auch hier darüber geärgert habe, dass ich so leicht zu beeinflussen bin.

Man kann außerdem so tun, als sei man fleißig, tüchtig, selbstbewusst. Sich anziehen für den Job, den man gerne hätte. Platz schaffen für die Liebe, nach der man sich sehnt. Denn unser Leben ist nicht nur das, was wir vorfinden. Sondern ebenso das, was wir Tag für Tag daraus machen.

Körperglück

Luft und Bewegung sind die
eigentlichen geheimen Sanitätsräte.

THEODOR FONTANE

Glück hat viele Gesichter, und wir nähern uns ihm auf widersprüchlichen Wegen: indem wir unser Befinden und unsere Gefühle ansehen, aber auch, indem wir von ihnen absehen. Doch ganz egal, welcher Umgang mit uns selbst gerade angemessen ist, das Glück wohnt stets am gleichen Ort: in unserem Körper. Dort werden die Stoffe ausgeschüttet, die unsere Wahrnehmung zu Gefühlen werden lassen: Oxytocin verwandelt sich zu einem Empfinden tiefer Verbundenheit, ein hoher Serotonin-Spiegel erzeugt Behaglichkeit, während Dopamin uns beschwingt und wach zurücklässt. Glücksgefühle sind Körpergefühle. Doch was will der Körper? Er will Bewegung. Und tatsächlich haben Befragungen überdurchschnittlich glücklicher Menschen ergeben, dass für die meisten sportliche Betätigung zu ihrer wöchentlichen oder sogar täglichen Routine gehört.

Die andere Seite der Anspannung ist die Entspannung. Wie so ein Körper doch herumliegen kann, faulenzen, dösen, wie er es sich bequem macht, sich einkuschelt oder an einen geliebten anderen schmiegt. Wie er einfach nur da ist, ein atmender, lebendiger und selbstverständlicher Teil der Welt, und wir mit ihm. Vielleicht weiß er etwas, das wir noch nicht wissen. Der Philosoph Friedrich Nietzsche spricht im *Zarathustra* von der großen Vernunft des Leibes, er sei »eine Vielheit mit einem Sinne, ein Krieg und ein Frieden, eine Herde und ein Hirt«. Wir, unser Geist, unser Wille, unsere Entschlossenheit, sind nur die »kleine Vernunft«, sein »Werk- und Spielzeug«. Und so lächerlich das auf den ersten Blick klingen mag, so wahr wird es, wenn wir krank werden oder einfach nur müde sind oder allzu aufgedreht. Der Körper spricht – und wir können ihm zuhören. Mein eigener Körper äußert sich mit einer Deutlichkeit, die meinen komplexitätshungrigen Geist mindestens ebenso beleidigt wie die Tatsache, dass es mir tatsächlich besser geht, wenn ich so tue, als ginge es mir gut. Meine Haut wird schlecht, wenn ich mich nicht in ihr wohlfühle, die Schulter schmerzt, wenn ich etwas nicht mehr schultern kann, und die Augen brennen, wenn ich denke, ich seh wohl nicht recht.

Die dahinterliegende Frage nach dem Verhältnis von Körper und Geist beginnt bei uns im Westen zumeist mit dem antiken Philosophen Platon, der im *Phaidon* die Idee einer unsterblichen Seele verteidigt, die als vom materiellen, sterblichen Körper getrennt gedacht wird. Diese dualistische Anschauung zementierte Anfang der Neuzeit der französische Denker René Descartes. Mit seinem Ausspruch »Ich denke, also bin ich« hat er erneut unser Inneres von unserem Äußeren geschieden, und die materielle Seite unseres Daseins zugleich mechanistisch abgewertet. Obwohl es angesichts dessen Sinn machen würde, den missachteten Körper wieder als »große Vernunft« aufzuwerten, wie Nietzsche es macht, ist es vielleicht sinnvoller, die Trennung an sich zu hinterfragen; eine Trennung, die anderen Weltanschauungen völlig fremd ist. In vielen anderen Kulturen sind Inneres und Äußeres einfach zwei Seiten einer Medaille, und Fragen des geistigen und des leiblichen Wohls gehen bruchlos ineinander über.

Auch in unserer Kultur gibt es mittlerweile viele ganzheitliche Ansätze, beispielsweise in der psychosomatischen Medizin. Und wir können uns selbst fragen, ob unser Körper eine Art Maschine ist, die wir gut in Schuss halten sollten, damit sie funktioniert. Oder ob er nicht eher die materielle Seite unseres Daseins darstellt, die wir achten und ehren sollten wie unsere geistige. Denn die Sorge um unseren Körper ist so vielfältig wie die Sorge um unser Innenleben und umfasst nicht nur Bewegung und Ruhe, sondern ebenso das, was wir sehen, die Luft, die wir atmen, die Kleidung, die wir tragen.

Und natürlich hängt unser körperliches Wohlbefinden davon ab, was wir essen. Scharfes löst gute Gefühle aus, Vitamin C sorgt für seelische Ausgeglichenheit. Das Gleiche gilt für Vitamin B. Nüsse enthalten genau wie Schokolade viel Tryptophan, was die Serotonin-Produktion anregt. Auch nachgekochte Kindheitsessen können glücklich machen, ebenso wie Gerichte und Geschmäcker, mit denen man schöne Zeiten verbindet.

Sich bewusst mit dem Streben nach Glück auseinanderzusetzen, beginnt bei unserer Leiblichkeit. So, wie wir Menschen darüber nachdenken, den Interessen der Natur eine eigene Stimme in unseren menschlichen Angelegenheiten zu geben, sollte auch der Körper in unserem Leben ein Mitspracherecht bekommen. Wir könnten ihn bei der Tagesplanung berücksichtigen, bei Entscheidungen, die unsere Zukunft betreffen und wenn wir uns daran machen, etwas zu essen.

Unser Körper wartet nur darauf, mit uns zusammenzuarbeiten. Wenn wir ihn gut behandeln, flutet er uns nach einem langen Spaziergang mit Glückshormonen, verbreitet Wohligkeit bei einem guten Abendessen und ist ganz ergriffen, wenn wir für längere Strecken aufs Fahrrad steigen. Und nicht zuletzt: Ist der Körper beschäftigt, schweigen die Gedanken. Und das ist oft das größte Glück.

Freund Hein

What thou lovest well remains,
the rest is dross.
WILLIAM SHAKESPEARE

Wer das Glück sucht, braucht Verbündete: unseren Geist, der uns befähigt, von uns Abstand zu nehmen und uns und die anderen neu zu sehen. Unseren Körper, der uns die Wahrheit über unseren Zustand fühlen lässt und für Wohlbefinden sorgt, wenn wir ihn berücksichtigen. Doch wenn wir uns dem Menschen nähern wollen, der wir sein könnten, brauchen wir noch einen weiteren Verbündeten: den Tod. Das eigene Leben von seinem Ende aus zu denken, ist ein alter philosophischer Trick und zugleich eine der lohnendsten Perspektiven, die wir einnehmen können. Die Frage ist nur, wie wir dorthin gelangen.

Vor vielen Jahren habe ich einen Werbespot gesehen; ich glaube, es ging um ein Getränk. Ein junger Mann sitzt auf einer Parkbank und hinter ihm lauert der alte Schnitter – bereit, ihn zu holen. Im Angesicht des Todes geht der junge Mann auf die imaginäre Reise, die uns wohl allen bevorsteht, und sein Leben zieht im Schnelldurchlauf vor seinen Augen vorbei. Aber was für ein Leben! Die ganze Vielfalt der Welt, die ausgefallensten Sportarten, die aufregendsten Beziehungen, die üppigsten Speisen. Nach einem endlosen Bilderwirbel setzt sich Freund Hein ermattet auf die Parkbank, aber es geht noch weiter, noch mehr Leben, noch mehr Bilder. Als auch diese bunte Flut vorbeigezogen ist, schwenkt die Kamera auf den Sensenmann, dessen knochiger Schädel ihm auf die Brust gesunken ist; er schläft. Und der junge Mann steht auf und geht davon.

Der Werbespot hat gewisse Ähnlichkeiten mit Büchern, die alle möglichen Dinge aufzählen, die man vor seinem Tod gemacht haben soll. In ihm steckt aber nicht nur eine Art von Erlebnisdruck, sondern auch die Einladung, darüber nachzudenken, was man sich selbst mit Gevatter Tod ansehen möchte. Welche Bilder, welche Erlebnisse, welche Begegnungen sollen eines fernen, fernen Tages gezeigt werden? Woran sollen sich meine Kinder und Enkel oder die Nachwelt im Allgemeinen erinnern? Und vor allem – woran will ich mich erinnern?

Nach dem Philosophen Martin Heidegger führt dieses »Vorlaufen in den Tod« zu einem Gefühl der Entschlossenheit, der Bereitschaft, das eigene Leben in die Hand zu nehmen. Denn das Kostbarste, was wir besitzen, ist unsere Lebenszeit. Anzuerkennen, dass sie begrenzt ist, hilft uns dabei, herauszufinden, womit wir sie verbringen und wofür wir uns engagieren wollen. Wobei wir uns zugleich fragen können, auf welche Weise sich das, was uns am Herzen liegt, in unserem eigenen Leben konkretisiert. Bei mir stoße ich immer wieder auf einen Unterschied zwischen Theorie und Praxis. Für jemanden, der Tiere liebt, esse ich ganz schön viel Fleisch und für jemanden, dem die Natur so wichtig ist, gehe ich ziemlich selten wandern. Über meine eigenen Werte nachzudenken heißt, unangenehme Selbstgespräche zu führen und mich zugleich immer wieder einzuladen, das, womit es mir ernst ist, auch ernst zu nehmen. Wie gestaltet sich beispielsweise mein Verhältnis zur Natur?

Wie begegne ich ihr, welche Mühe mache ich mir, Gelegenheiten dafür zu schaffen? Und wie kann ich ihr etwas geben – Müll sammeln, Bäume gießen, stille und ehrfürchtige Freude über eine Landschaft empfinden?

Jeder Wert, den man in sich findet, kann ein Schwerkraftzentrum werden und eine Entscheidungshilfe dafür sein, welchen Dingen man seine Lebenszeit widmen möchte. Auch ich habe irgendwann eine Liste mit allem, was ich noch unbedingt erleben will, angefertigt. Doch ich habe schnell festgestellt, dass mich diese Seiten voller Reisewünsche und Selbstverwirklichungsfantasien eher bedrücken als anspornen. »Das Medium ist die Botschaft«, sagt der Soziologe Marshall McLuhan, und mit Listen ist dem Leben nicht beizukommen. Eher mit Werten. Mit Natur. Mit Austausch. Mit Büchern. Mit Zuhören. Mit Engagement.

Mich zu engagieren bedeutet, dem unablässigen Verrinnen der Zeit etwas entgegenzuhalten: meine Taten, meine Kraft, meine Liebe. Denn das Gewahrsein der Endlichkeit betrifft nicht nur mein eigenes Dasein. Alles, was existiert, ist vergänglich, und alles, was mir am Herzen liegt, muss von mir selbst unterhalten und gepflegt werden. Hier geht es nicht nur um Beziehungen oder Dinge, die uns persönlich wichtig sind, sondern auch um das große Ganze: Institutionen, demokratische Errungenschaften oder universelle Werte wie die Würde des Menschen und seine Gleichheit. Weil alles im Wandel ist und alles vergeht, müssen wir das, was nicht im Strudel der Zeit verschwinden darf, festhalten und durch diese Treue zugleich immer wieder neu hervorbringen.

Der Tod mahnt uns zur Sorge um unser Leben und um alles, was bleiben soll. Viele alte Menschen, die kurz vor ihrem Tod befragt wurden, wünschen sich, dass sie ehrlicher gewesen wären, mutiger, großzügiger. Dass sie mehr Zeit mit denen verbracht hätten, die sie liebten, und weniger Zeit im Büro. Am Ende, da sind sich alle einig, geht es um immaterielle Dinge. Um die Liebe in unserem Leben. Um das, was wir gegeben haben, das, worauf wir stolz sein können.

Freund Hein ist wirklich ein Freund. Wenn wir seine Gegenwart von Zeit zu Zeit ertragen können, ist er ein guter und unbestechlicher Berater, der uns hilft, das Wesentliche vom Unwesentlichen zu trennen. Denn lang sind die Tage und kurz ist das Leben, und alles, was wir nicht selbst tun, bleibt für immer ungetan.

Der Kreis

Freundschaft ist die Verbindung der Seelen.
VOLTAIRE

Was macht uns glücklich? Oft nicht das, von dem wir es uns erhoffen. Nicht, dass Geld, Erfolg und Besitz nicht erstrebenswert wären. Aber in ihnen liegt kein dauerhaftes Glück. Und kein tiefes. Alte Menschen sagen, dass es um immaterielle Dinge geht, um Liebe und Verbundenheit. Auch Corona hat uns alle daran erinnert, dass das Wichtigste im Leben unsere sozialen Beziehungen sind. Wir brauchen einander, und wir haben Freude aneinander. Unsere Beziehungen geben unserem Leben einen Sinn, den materielle Güter nicht herzustellen vermögen. Und je mehr Liebe und Zuneigung in unserem Leben zirkuliert, desto glücklicher sind wir.

Neben unserem Geist und unserem Körper sind also andere Menschen die wichtigste Quelle unseres Glücks. Doch so wie wir unseren Geist mit falschen und schädlichen Vorstellungen füttern oder unseren Körper missachten und vergiften können, können uns auch unsere Beziehungen mehr Ärger als Freude bereiten. Irgendwo habe ich gelesen, dass einen an den Mitmenschen nichts mehr stört, sobald man selbst ganz mit sich im Reinen ist. Ich habe den Verdacht, dass das stimmt. Ihm folgt die Gewissheit, dass ich selbst diesen friedlichen Zustand nie erreichen werde. Stattdessen tut es mir gut, immer wieder darüber nachzudenken, wessen Unvollkommenheiten mit den meinen kompatibel sind und mit wem ich meine Lebenszeit verbringen möchte.

Zu entscheiden, an wen wir uns binden, ist ein Privileg, das nicht allen Menschen offensteht. Viele Formen von Rassismus und Sexismus beschreiben negative Beziehungserfahrungen, denen sich die Betroffenen nicht entziehen können. Und Menschen, die unter würdelosen Bedingungen leben und arbeiten müssen, haben weder Kontrolle über ihr Leben noch über ihre Beziehungen. Sich nach Belieben an Menschen zu binden oder sich von ihnen zu lösen, ist Ausdruck geistiger und körperlicher Freiheit, und dass diese Freiheit nicht allen von uns gegeben ist, ist Anlass zu unablässigem Engagement.

Es gilt also immer wieder, sich bewusst zu machen, welche sozialen Freiheiten wir genießen und was für ein Glück allein das schon ist. Doch gerade weil wir so frei sind, kann es passieren, dass wir einander vor lauter Arbeit, Welt und Leben einfach aus den Augen verlieren. Deshalb müssen wir uns immer wieder daran erinnern, wer uns tatsächlich etwas bedeutet. An wen denke ich oft? Mit wem verbinde ich besondere Erinnerungen? In wessen Gegenwart fühle ich mich wohl und ganz bei mir?

Das Internet hat die Zahl der Menschen, mit denen eine Art von Kontakt zu uns besteht, vervielfältigt. Manchmal wird der Radius aber auch kleiner, weil man eine Familie gründet, ins Ausland geht oder eine zurückgezogene Phase durchlebt. Und Corona hat uns zwar unseren Liebsten nähergebracht, dafür aber die netten, interessanten Bekannten umso ferner werden lassen. Aber auch wenn nicht gerade Pandemie herrscht, kann es schwierig sein, herauszufinden, an wem einem gerade wirklich etwas liegt oder wen man gerne näher kennenlernen möchte. Dabei hilft die Sache mit dem Kreis.

Dafür nehmen wir ein Blatt Papier, in dessen Mitte wir »Ich« schreiben. Darum platzieren wir, möglichst rasch und intuitiv, alle Menschen, die uns in unserem Leben wichtig scheinen. Dann schauen wir an, was wir da gemacht haben. Meine erste Zeichnung war ziemlich ungeordnet. Familienmitglieder, Freundinnen, Freunde und Fremde, alle durcheinander. Und die meisten am falschen Platz.

Der Trick ist die zweite Zeichnung. Mit der ersten stellen wir sozusagen das Personal fest. Zugleich bilden sich Kategorien heraus, die könnten heißen: Familie, enge Freunde, Freunde, mögliche Freunde, Fremde. Mit der zweiten Zeichnung bringen wir Ordnung in unsere Beziehungen. Je näher ein Mensch am »Ich« steht, desto näher steht er uns auch in Wirklichkeit. Jeder und jede hat eigene Ordnungsfelder, die sich ganz spielerisch ergeben. Oft ist es überraschend, wer sich tatsächlich in unserer nächsten Nähe befindet. Faktoren wie häufiger Kontakt, räumliche Nähe oder familiäre Beziehung sind nicht zwangsläufig ausschlaggebend – eher eine Art tieferer Verbundenheit.

Es ist merkwürdig, wie gut die zweite Zeichnung tut. Vielmehr, die Übersicht tut gut. Plötzlich scheint es wieder Platz in meinem Leben zu geben. Und Gewissheit. Manchmal tauchen in diesen Zeichnungen Menschen auf, die man noch gar nicht so gut kennt. Oder Menschen, von denen man lange nichts gehört hat. Und das kann sich ändern. Ich fand auf meiner Zeichnung eine alte Schulfreundin. Von ihr hatte ich noch die E-Mail-Adresse. Hingeschrieben. Antwort bekommen. Lange telefoniert.

Zuletzt könnten wir einen dritten Kreis ziehen um die Menschen, die uns tatsächlich am allernächsten stehen: die liebsten Familienmitglieder, die engsten Freundinnen und Freunde, die interessantesten Bekannten. Das sind wenige, ganz wenige. Zwei, drei, vier vielleicht.

Und da sind sie dann, die Unersetzlichen, die Kostbaren. Ihnen sollten wir uns bewusst und liebevoll widmen, weil sie es sind, die unser Leben stützen und bereichern. Dadurch, dass unser Glück tatsächlich zu einem großen Anteil von unseren Beziehungen abhängt, wirft die dafür aufgewendete Zeit reichliche Zinsen ab. Ein ganzes Leben lang.

Grundsätze

Geh nicht gelassen in die gute Nacht.

DYLAN THOMAS

Zähne geputzt, das Bett gemacht, die Küche aufgeräumt. Wie gestern. Und vorgestern. Und vorvorgestern. Mensch zu sein heißt, jeden Tag aufs Neue Zeit für den Selbsterhalt aufzuwenden. Ebenso wie für alles, was uns am Herzen liegt. Diese Erhaltungsarbeit verbindet uns Menschen miteinander. Wir alle müssen ein Leben lang unsere Nägel schneiden, Essen besorgen, unsere Dinge aufräumen. Und weil alles vergeht, müssen wir uns beständig um das kümmern, was wir unser Eigen nennen wollen, ganz egal, wo wir leben und welche Mittel uns dafür zur Verfügung stehen.

Zu begreifen, dass diese Erhaltungsarbeit notwendig ist, hat mich glücklicher gemacht. Ich habe mich von allen Fantasien verabschiedet, die letztlich darauf hinauslaufen, dass ich nicht mehr Betten machen oder aufräumen muss, weil ich Personal habe oder weil es Roboter gibt oder weil ich selbst mich auf ungeahnte Weise verwandelt habe. Nein, nein, ich bleibe dieselbe, und der Dreck will beseitigt werden, Tag für Tag, bis ich sterbe. Seitdem ich mich mit dieser Notwendigkeit angefreundet habe, bin ich sensibler für die andere Zeit geworden.

Denn auch wenn es manchmal viel zu tun gibt, vor allem mit Kindern, bleibt jeden Tag etwas Zeit übrig, freie Zeit, Besinnungszeit. In der wir uns nicht nur fragen können, was wir tun wollen, sondern ebenso, was wir tun sollten und von welchen Grundsätzen wir uns dabei leiten lassen. Was halte ich für wesentlich, fundamental, bestimmend? Wie begründe ich meine Überzeugungen? Welche Kriterien wende ich an? Und woher weiß ich, dass diese Kriterien richtig sind? Und vor allem: Mag ich das, was ich für wichtig halte, überhaupt und bringt es das, was mir am Herzen liegt, angemessen zum Ausdruck?

Jeder von uns hat Werte: die Gleichheit aller Menschen, den Schutz der Natur oder das etwas abstraktere Gute. Jeder von uns hat Gründe, die diese Werte legitimieren, und Überzeugungen, die uns helfen, ihnen gemäß zu handeln. Unsere Grundsätze bestimmen, worum wir uns kümmern, welchen Dingen, Menschen und Tätigkeiten wir unsere Zeit, unsere Energie, unser Leben schenken. Zugleich verrät jeder und jede von uns immer wieder die eigenen Grundsätze. So eint uns Menschen nicht nur die Fähigkeit zur normativen Selbstausrichtung, sondern ebenso die Fähigkeit, alle Werte und Gründe völlig zu vergessen.

Die Frage nach den Grundsätzen hat also immer zwei Seiten. Zum einen sind wir eingeladen, nach innen zu blicken und die eigenen Grundsätze zur Kenntnis zu nehmen. Und sie anschließend daraufhin zu befragen, ob sie angemessen, wahrhaftig und brauchbar sind. Sich dieser Selbstbefragung zu stellen, braucht Mut. Die eigenen Gründe und Überzeugungen zu beleuchten, ist eine geistige Arbeit, ein Ringen mit sich, den eigenen Gewohnheiten, Trägheit und trügerischen Vorstellungen. Zu Letzteren gehören wohlfeile Illusionen wie der Gedanke an eine selbstreinigende Küche, aber auch kollektive Fiktionen wie ein Zusammenleben ohne Konflikte. Nein, nein, wir müssen putzen bis zum Tode, und wo zwei zusammensitzen, kommt es immer mal wieder zum Streit. Das gilt erst recht für sieben Milliarden.

Zum anderen geht es um die Frage, ob wir unseren Werten, Gründen und Überzeugungen in unserem eigenen Leben gerecht werden. Und dadurch dem Menschen, der wir sein wollen und sein sollten, aufrecht ins Gesicht blicken können. Wofür engagiere ich mich? Wie äußern sich meine Werte in meinem Handeln? Wann habe ich das letzte Mal etwas für die Natur getan? Für die Demokratie? Für meine Nachbarschaft? Die Frage nach der Umsetzung ist die sokratische Frage, und sie ist lästig, unbequem, mitunter schmerzhaft. In ihr liegen Scham und Schuld und Unzulänglichkeit, aber auch Wut, Verdrängung und Bitterkeit.

Und in ihr liegt Glück. Denn wenn wir uns mögen und stolz auf uns sein wollen, ist es unerlässlich, eine Beziehung zwischen unseren Grundsätzen und unserem Verhalten herzustellen. Mensch zu sein heißt, eine Übende zu sein, ein Bemühender. Eine, die immer wieder scheitert und immer wieder aufsteht, indem sie sich an dem aufrichtet, was wichtiger ist als ihre momentane Befindlichkeit. Oder das, was vor fünf Minuten passiert ist. »Weil wir Anfänge« sind, sagt die Philosophin Hannah Arendt, können wir alle immer wieder anfangen. Manchmal gilt es, uns selbst zu ändern. Manchmal unsere Grundsätze. Denn wenn wir es schon machen müssen, warum machen wir es nicht schön?

Gewohnheiten

Gewohnheit wird durch Gewohnheit überwunden.
THOMAS VON KEMPEN

Sich um sein Glück zu bemühen bedeutet, sich um seinen Geist, seinen Körper und seine Beziehungen zu bemühen und dabei auf seine Gedanken, seine Worte und seine Taten zu achten. Und auf seine Gewohnheiten. Denn das, was unserem Leben seine Gestalt gibt, sind nicht nur die besonderen Momente, die wir uns dereinst mit dem alten Schnitter ansehen wollen, sondern vor allem das, was wir täglich tun – oft, ohne es zu bemerken.

Gewohnheiten gehören zu den stärksten Kräften unseres Lebens, gerade weil sie so selbstverständlich sind. Dazu kommt, dass man sich an alles gewöhnen kann – an das Gute ebenso wie an das Schlechte. Wenn man es genau nimmt, ist eigentlich alles eine Gewohnheit. Wie man schläft. Wie man aufsteht. Was das Erste ist, was man am Morgen anschaut, trinkt oder isst. Wie man unterwegs ist, ob zu Fuß, mit dem Rad oder mit dem Bus. Wie oft man mit welchen Menschen Kontakt hat und auf welche Weise. Wie man sich wäscht, anzieht und wieder entkleidet. Wie man atmet, wie man geht, wie man sitzt, wie man liegt. Alles hat einen Einfluss auf unser Wohlbefinden, alles könnte auch ganz anders sein. Doch wie kann ich meine Gewohnheiten ändern?

Indem ich sie mir bewusst mache. Das ist leicht, wenn es um lästige Angewohnheiten wie Rauchen oder zu viel am Smartphone hängen geht, und schwerer, wenn man sich angewöhnt hat, immer die Schultern hängen zu lassen. Und es ist besonders schwer, wenn man die schlechten Gewohnheiten eigentlich mag. Oder einsehen muss, dass sie irgendwie dazugehören. Denn auch die beste Version meiner selbst ist immer noch ich: widersprüchlich, bequem und fehlerhaft.

Ich bin lieber vollständig als fehlerlos. Es hat mich entlastet, den Gedanken an meine umfassende Perfektionierung aufzugeben, und dafür ein gutes Auskommen mit allen Aspekten meiner Seele anzustreben. Denn irgendwie scheint sich trotz aller Bemühungen ein recht stabiler Prozentsatz schlechter Gewohnheiten zu halten. Ich stelle mir das manchmal wie eine Delle im Teppich vor – wir können den Ort verändern, aber der störende Hügel bleibt bestehen. Letztlich geht es darum, auch mit seinen schlechten Seiten gut zusammenzuleben. Und sich bei allem Bemühen zu fragen: Was kann ich ändern, was muss ich ändern, und was gilt es, hinzunehmen?

Bei allem, was wir ändern sollten und ändern können, hilft es, herauszufinden, wann die Gewohnheit begonnen hat und mit welchen Situationen und Gefühlen man sie in Verbindung bringt. Dann kann man sich Gedanken darüber machen, womit man sie ersetzen könnte. Bestenfalls ist das eine bessere, also gesündere, förderlichere Gewohnheit, die den Hügel insgesamt kleiner werden lässt, aber bei gewissen Dingen geht es erfahrungsgemäß eher darum, den Hügel umherzuschieben: weniger Rauchen, dafür mehr Süßigkeiten, weniger Shopping, dafür mehr Serien.

Trotzdem bleibt es sinnvoll, am Hügel zu arbeiten. Denn das Lästige ist oft das Lastende – nicht nur, dass wir uns damit oft schon länger herumschlagen, sondern es sind auch Dinge, die uns Mut, Kraft und Energie kosten. Angesichts dessen lohnt es sich, zwei Listen anzufertigen. In die eine Liste schreiben wir alles, von dem wir wissen, dass es uns schadet. Welche Websites machen süchtig, ohne mir dafür etwas anzubieten? Welche Lebensmittel bekommen mir nicht? Wo will ich nie wieder hin? Was macht mich klein? Zieht mich runter? Erniedrigt mich?

Auf die andere Liste schreiben wir alles, was uns stärkt. Vielleicht sind es Bücher, Filme, Musik. Kunst, in jeder Form. Oder es sind Naturerlebnisse, die Anwesenheit geliebter Menschen, gute Gespräche. Oder alles zusammen. Oder etwas ganz anderes. Um glücklich zu sein, muss ich wissen, was mir guttut. Was macht mir Freude? Was gibt mir Kraft? Nach welchen Aktivitäten fühle ich mich ermutigt, bereichert und selbstgewiss?

Es ist nicht immer möglich, exakt gegenzurechnen und manche Gewohnheiten haben einfach keine positiven Äquivalente. Gewiss ist nur, dass jede lästige Gewohnheit, die wir durch eine stärkende ersetzen, uns glücklicher macht. Ebenso wie jede gute Gewohnheit, die wir in unser Leben integrieren können.

Unsere Gewohnheiten sind ein biegsamer Panzer, der uns ebenso schützen wie einsperren kann. Glück beginnt, wenn wir auf uns selbst aufmerksam werden und darüber nachdenken, was wir ändern wollen: wovon mehr, wovon weniger, was soll wegfallen, was dazukommen. Und obwohl es Umstände wie Krankheit, Trauma oder ausweglose Situationen gibt, die dieser Selbstgestaltung entgegenstehen, besitzen wir Menschen alle die Fähigkeit, uns zu verändern. Auch im hohen Alter, so lange unser Leben währt. Das ist unsere größte Herausforderung. Und zugleich unser größtes Glück.

Neid als Navigator

Neid ist die aufrichtigste Form der Anerkennung.
SPRICHWORT

Wofür steht eigentlich der Frühjahrsputz? Es geht um das Gefühl, dass sich im Laufe eines langen Winters so einiges angesammelt hat an Staub und Dreck und Spinnweben. Weswegen man dem hellen, lichten Frühling mit einer ebensolchen Wohnung entgegentreten möchte. Daraufhin säubern wir unser Heim, aber vergessen oft, etwas viel Wichtigeres wieder einmal gründlich zu lüften: unsere Seele. Denn auch da kommt mit der Zeit so einiges zusammen. Uneingestandene negative Gefühle, die sich in den dunklen Ecken unseres Innenlebens eingenistet haben. Haarige Neidballen, die im falschen Moment durch unser Inneres rollen und eine schwer zu beseitigende Spur zurücklassen. Oder alter Ärger, lange auf kleiner Flamme gekocht.

Böse Bewohner, allesamt. Um unvoreingenommen auf die Welt und andere Menschen zugehen zu können, ist es notwendig, sich immer mal wieder von solchem emotionalen Ballast zu befreien. Nur wie stellt man das an?

Erst einmal Licht an und den Scheinwerfer der Aufmerksamkeit nach innen richten. Negative Gefühle ohne konkreten Inhalt verschwinden oft, wenn wir sie uns bewusst machen. Zusätzlich können wir auch hier so tun, als ob sie schon verschwunden wären, indem wir den Blick auf das richten, was in unserem Leben schön und gelungen ist. Sich immer wieder zu vergegenwärtigen, woran man Freude hat, ist wie ein gutes Scheuermittel, das den uneingestandenen Dreck aus dunklen Ecken putzt.

Auch Neid ist meist unbewusst. Doch sobald ich mir klarmache, dass alle Dinge ihren Preis haben, zieht sich das Giftige oft in die Tiefe zurück. Der Philosoph Epiktet schreibt in seinem *Handbüchlein der Moral:* »Du bist nicht zum Festmahl eingeladen worden? Natürlich nicht; denn du hast dem Gastgeber den Preis nicht bezahlt, um den er sein Mahl verkauft. Um ein Kompliment verkauft er es, oder um eifrige Gefolgschaft. Bezahle also den Preis, um den er es verkauft, wenn dir das einen Vorteil bringt. Willst du aber nichts bezahlen und doch zu jenen Ehren kommen, dann bist du unersättlich und ein Narr.«

Sich daran zu erinnern, dass alle Dinge ihren Preis haben, fällt heute ungleich schwerer als im alten Rom, wo Epiktet einst lebte. Die Ökonomisierung der Welt hat das Leben zur Ware und die Menschen zu Produkten gemacht. Soziale Medien sind der Ort, an dem wir diese Produkte bewerben und ins beste Licht setzen können. Das macht Sinn für Unternehmerinnen und Unternehmer, für Künstlerinnen und Fotografen. Doch wer nichts zu verkaufen hat, verkauft sich selbst. Die Kehrseite unserer profitgetriebenen Konkurrenz- und Leistungsgesellschaft ist eine Vergleichs- und Neidgesellschaft, wobei die Formate, in denen wir dieser Tage unser Leben erzählen, diese negativen Tendenzen verstärken.

Ich war noch nie auf Instagram, ohne mich danach klein, unzulänglich und neidisch zu fühlen. Es hat mir geholfen, alle Accounts, die dieses Gefühl in besonderem Maße erzeugt haben, zu entfolgen. Aber die Sache bleibt zwiespältig. Das Medium ist anscheinend wirklich die Botschaft, und

Instagram ist eine dauerhungrige Neidmaschine, die man nicht verwandeln, sondern nur abschalten kann. Was ich mir natürlich immer wieder vornehme. Morgen, ganz sicher morgen. Doch Neid ist nicht nur lähmend, sondern auch ein guter Navigator. Wir wissen häufig nicht, was wir wirklich wollen, aber wir wissen genau, worauf wir neidisch sind – auf einen Beruf, auf eine Lebenssituation oder auf etwas, das ein anderer Mensch besitzt. Das gilt allerdings nur bedingt für die Inhalte der sozialen Medien, die in der Regel ausklammern, dass alles auch seine Schattenseiten hat. Und seinen Preis.

Neiden will also gelernt sein, und ein guter Anfang ist, sich auf echte Menschen aus dem eigenen Umfeld zu konzentrieren. Dazu kann es helfen, die Namen derjenigen, die man beneidet, auf einen Zettel zu schreiben, und dann alles zu notieren, was genau man an ihnen beneidenswert findet, ob Eigenschaften oder Erfolge, ob Geld oder guter Geschmack. Alles, was das oft diffuse Neidgefühl konkretisiert, ist hilfreich, denn Neid ist nicht nur ein Gefühl des eigenen Mangels, sondern ebenso ein guter Ratgeber, wenn wir uns fragen, woran wir uns orientieren und wonach wir streben sollten.

Manchmal hilft uns der Neid auch dabei, unerwartete Brücken zu schlagen. Viele von uns haben in ihrer Nähe Menschen, die einen immer wieder ärgern oder enttäuschen. Die Reaktionen sind meist ähnlich: Wut, Klage, Verachtung. Wenn man nun, anstatt sich auf das Fehlverhalten der anderen zu konzentrieren, darüber nachdenkt, was man an diesen Menschen beneidet, kommt es oft zu überraschenden Einsichten: Der nervige N. läuft Marathon und macht tolle Fotos, die rücksichtslose R. ist sehr klug und hat zwei wunderbare Kinder. Und seltsam, sobald man durch die Brille des Neides schaut, verwandelt sich der immer auch selbstgerechte Blick auf diese unmöglichen anderen in eine Art von Respekt. Denn auf jemanden, den ich beneide, muss ich nicht mehr herunterschauen.

Wenn wir einen anderen Zugang zu denen finden können, die uns enttäuschen, ärgern oder übertreffen, befreien wir uns zugleich von ihrem Einfluss. Und wenn wir das geschafft haben, kommt das Schwierigste von allem. Den Menschen neu zu sehen, der uns am schlimmsten zusetzt: uns selbst. Uns verzeihen, unsere Dummheiten und Fehler und Kleinlichkeiten anzunehmen, notfalls bereinigen und uns selbst freisprechen. Diesen Frühjahrsputz kann man das ganze Jahr über machen. Denn wenn die Natur neu erblühen darf, dürfen wir das auch.

Spazierengehen

Ich habe mir meine besten Gedanken ergangen
und kenne keinen Kummer,
den man nicht weggehen kann.

SØREN KIERKEGAARD

Ich sitze vor dem Rechner und weiß nicht mehr, warum.
Oder ich habe schlechte Laune, nicht besonders ausgeprägt,
aber genug, um einen leichten Grauschleier über alles zu
legen. Oder ich habe zu viel gegessen und fühle mich un-
behaglich. In all diesen und vielen anderen Fällen mache ich
einen Spaziergang. Obwohl ich in der Stadt lebe, habe ich
eine Runde gefunden, bei der ich Bäume sehe und anderes
Grün, und wo es eine Stelle gibt, an der ich spüre, wie groß
und weit der Himmel ist. Wenn ich wiederkomme, fühle ich
mich besser. Jedes einzelne Mal.

»Gehen ist des Menschen beste Medizin«, sagt der grie-
chische Arzt Hippokrates. Spazierengehen erdet, verlang-
samt, entspannt. Es ist eine einfache Weise, sich wieder als
einen lebendigen Teil der Welt zu erleben. Was immer wieder notwendig ist. Denn der Mensch ist nicht nur das einzige Tier, das weiß, dass es sterben muss, sondern auch das
einzige, das sich vergessen kann. Wir vergessen uns selbst –
unseren Leib, unsere Bedürfnisse – und ebenso unsere Verbundenheit mit dem Leben. Ein Spaziergang lässt uns all
das wieder erfahren: dass wir auf der Erde wohnen, dass wir

einen Körper haben, der sich gerne bewegt, dass wir nicht alleine sind.

Obwohl ein kurzer Spaziergang in der Regel ausreicht, um genügend Licht und Luft für den Tag aufzunehmen, ist das Wesen des Spaziergangs die Muße. Er ist Zeit, die wir uns nehmen, und Zeit, die wir uns schenken. Unterstützend kann man, vor allem bei kurzen Runden, versuchen, sich bewusst auf seinen Atem und den Kontakt mit dem Boden zu konzentrieren. Die Schweizer Pädagogin Ruth Gottschall nennt das »mit den Füßen atmen«. Oder man geht einfach nur.

Am Anfang passiert nicht viel. Du erzählst dir von deinem Leben, deinen Aufgaben und dem, was gerade passiert ist. Die Füße gehen weiter. Langsam wird die Erledigungsstimme schwächer, und die Umgebung beginnt, hervorzutreten. Eine Frau auf einer Parkbank. Der Geruch der Luft. Die Farbe des Bodens. Die Füße gehen weiter. Und irgendwann bist du nicht mehr ein Mensch, der geht, sondern eine ruhige fließende Bewegung, die sich selbst genügt. Manchmal kommt dir dann ein Gedanke, der dich wirklich weiterbringt – ob es die Lösung für ein schwieriges Problem ist, eine Idee für ein Geschenk oder einfach nur Klarheit darüber, was du wirklich machen willst, wenn du wieder zu Hause bist.

Ein Spaziergang ist aber nicht nur ein simpler Weg zu Ruhe und Körperglück, sondern er verbindet uns auch mit unserem Unbewusstsein und seiner unerschöpflichen Kreativität. Philosophinnen und Philosophen, Künstlerinnen und Künstler singen seit Jahrhunderten sein Loblied. Das Geheimnis besteht darin, intensiv über ein Thema, das einen beschäftigt, nachzudenken und dann loszulassen. Und weiterzugehen.

Das Gehen beschenkt uns jedoch nicht nur mit unerwarteten Einsichten, es kann auch dabei helfen, Bekanntes in Form zu bringen. Nietzsche, der vom Tod Gottes und der Selbstermächtigung des Menschen sprach, und Rousseau, der die Hölle fürchtete und dem Menschen seine Freiheit nicht wirklich zutrauen wollte, machten beide lange Spaziergänge, um ihren Gedanken einen Rhythmus zu geben. Das funktioniert natürlich nicht nur beim Ringen um die letzten Dinge, sondern auch beim Schreiben einer schwierigen E-Mail oder wenn man ein großes Budget zu planen hat. Oder einen kleinen Kindergeburtstag. Einfach alles mitnehmen, was anliegt, und so lange laufen, bis es sich geklärt hat.

Jeder Spaziergang ist eine Verabredung mit uns selbst, der Raum für Wissen, Gespür und Intuition schafft. Gehen ist das einfachste aller großen Dinge. Die Füße führen uns zu einer Weisheit, die der Kopf nicht kennt. Wir können die Welt nicht immer begreifen. Aber wir können sie begehen. Und jeder Schritt, den wir machen, führt uns zugleich näher zu uns selbst.

Pflanzen

Die Pflanze gleicht den eigensinnigen Menschen,
von denen man alles erhalten kann,
wenn man sie nach ihrer Art behandelt.

JOHANN WOLFGANG VON GOETHE

Als ich die Pflanze mit den grünweißen Blättern und ihrer dunkelroten Unterseite nach einem Umzug vorsichtig auf die Küchenbank stellte, hatte sie einen ihrer Triebe verloren. Der andere bestand aus einem gequetschten Stiel und drei angerissenen Blättern. Vielleicht war es an der Zeit, sich zu verabschieden. Nein, das brachte ich nicht übers Herz. Stattdessen wässerte ich sie vorsichtig und stellte sie an einen sonnigen Platz. Viele Monate und viele Ableger später füllt sie einen ziemlich großen Blumentopf aus und ergießt sich entlang eines Aktenschranks. Jedes Mal, wenn ich sie sehe, erfreue ich mich an ihr und bin zugleich beeindruckt von ihrem hemmungslosen Wachstum. Daneben steht eine Pflanze, die ich schon seit fast zwei Jahrzehnten besitze. Daneben eine, die ich auf der Straße gefunden habe, daneben eine ebenfalls sehr alte mit geflochtenem Stamm und ziemlich verhaltenem Wachstum, daneben …

Nicht nur die Beziehungen zu uns selbst und zu anderen Menschen sind für unser Glück entscheidend, sondern auch unsere Beziehung zur Natur. Jede Pflanze verkörpert einen direkten Kontakt zu ihr, zu ihren Formen und Farben, ihrer Vielfalt, ihrer Anwesenheit. Und die tut uns gut – ob beim Waldspaziergang, in den Bergen, am Meer oder beim Picknick auf einer Sommerwiese. Auch das Grün der Pflanzen hat eine wohltuende Wirkung auf uns. Kranke, die auf Bäume blicken, genesen schneller. Pflanzen in Büroräumen erhöhen die Produktivität, und begrünte Höfe stärken soziale Beziehungen. Doch es geht um mehr. Mit Pflanzen zu leben heißt, sich für eine ganz bestimmte Form des Lebendigen zu öffnen.

Es ist faszinierend zu sehen, wie sich jede Pflanze an dem Ort, an dem sie ist, verhält. Was ihr dort bekommt und was ihr schadet, und welche Strategien sie entwickelt, um sich zurechtzufinden. Eine meiner Kletterpflanzen hat einmal eine Ranke nach der Befestigung einer Jalousie ausgestreckt und windet sich seitdem dort empor. Dafür ist mir eine ausladende Grünpflanze eingegangen, als ich sie gegen mein Gefühl zwischen zwei andere stellte.

Jede Pflanze, die ich besitze, hat ihre einmalige Gestalt und einen Platz, an dem sie besser gedeiht als anderswo. Glück ist auch: diesen Platz für sich selbst zu finden. Pflanzen gehen ein, wenn sie nicht fachgerecht gepflegt werden, neben den falschen Mitpflanzen stehen oder zu wenig Licht bekommen. Genauso wie wir. Die größte Gefahr in einem hausgebundenen Pflanzenleben stellt allerdings das Ertrinken dar. Auch ich habe lange gebraucht, um zu verstehen, dass ich meine Pflanzen vor lauter Gut-Meinen viel zu viel gegossen habe und dass in den meisten Fällen tatsächlich weniger mehr ist. Und so lehren uns die Pflanzen nicht nur etwas über die Wichtigkeit der Verortung, sondern ebenso über Genügsamkeit: Stell mich an einen guten Ort, und dann lass mich gut sein. Schenke mir etwas Aufmerksamkeit, aber nicht zu viel.

Pflanzen sind diskrete Gesellen, obwohl man einige von ihnen auf sehr persönliche Weise lieben kann, besonders wenn sie einen schon jahrzehntelang begleiten. Die Natur, für die sie stehen, ist nicht nur, wie Goethe bemerkte, unsere Lehrmeisterin, sondern kann auch Trösterin sein oder Spielgefährtin. Sie reagiert auf uns. Wenn man einen Baum umarmt, wird auch der Baum noch lange von der Berührung gewärmt, wie die Bilder von Wärmebildkameras eindrucksvoll belegt haben. Einige Menschen sprechen mit ihren Pflanzen, denen das gutzutun scheint, und es hat sich gezeigt, dass klassische Musik ihr Wachstum fördern kann. Manche streicheln auch die Blätter, beim Abstauben oder einfach so. Und man pflegt die Pflanzen natürlich, sucht nach braunen Blättern oder gelb gewordenen Palmsträngen, nimmt verblühte Blüten ab und stützt, wenn es nötig ist.

Die Sprache der Pflanzen hat viele Facetten. Sie erzählt vom Wohlfühlen und vom Unbehagen, vom Erblühen und Vertrocknen, von Frühlingslust und Winterschlaf. Und davon, wie viel den Pflanzen unsere Aufmerksamkeit bedeutet, auch wenn sie ganz gut ohne uns auskommen könnten, ebenso wie die Natur. Aber nun haben wir einander, auf dass wir uns aneinander freuen. Und das ist doch ein großes Glück.

Beziehungen

Das erste Gesetz der Freundschaft lautet,
dass sie gepflegt werden muss.
Das zweite lautet: Sei nachsichtig,
wenn das erste verletzt wird.

VOLTAIRE

S. hat sich gemeldet, nachdem wir uns eine Weile nicht gesprochen hatten, und wir haben uns gleich zum Mittagessen verabredet. A. hat mir Fotos von sich und ihrer 81-jährigen Mutter geschickt, auf denen beide leuchten wie Weihnachtskerzen. F. hat mein Kind in einen Schmuckladen ausgeführt, wo es selbstständig eine Kette entwerfen durfte.

Wo wäre ich nur ohne meine lieben Freundinnen und Freunde? Mein Herz wird warm, wenn ich an sie denke und an das verschlungene Geflecht aus Begegnungen, Aufmerksamkeiten und Erinnerungen, das uns miteinander verbindet. Es ist immer wieder wichtig, uns bewusst zu machen, wer uns gerade wirklich nahesteht. Und ebenso wichtig ist es, diese besonderen Beziehungen wertzuschätzen und zu pflegen. Nicht nur, weil sie unserem Leben Halt und Bedeutung geben, sondern auch, weil sie für unser Glück grundlegend sind.

2017 veröffentlichte die Harvard Universität zwei großangelegte Untersuchungen – die Grant- und die Glueck-Studie –, die endlich Antworten auf die Frage versprachen, was den Menschen wirklich glücklich macht. Beide kamen zu dem gleichen Ergebnis: Glücklich machen wir einander. Weder Status noch Besitz, noch nicht einmal Selbstverwirklichung, vielmehr tiefe soziale Beziehungen wurden einhellig als größter Glücksfaktor benannt. Dabei kommt es nicht auf die Quantität der Beziehungen an, sondern auf ihre Qualität. Die erkennt man daran, wie sicher man sich fühlt, wie verwundbar man sein kann und ob man sich entspannen kann, indem man genauso sein darf, wie man ist – während auch der oder die andere genauso sein darf, wie er oder sie ist. Solche Beziehungen finden innerhalb, aber auch außerhalb der Familie statt. Allen ist gemein, dass man sich auf Augenhöhe begegnet, freiwillig und freundschaftlich. Und dass man füreinander da ist, um sich aneinander oder an den guten Zeiten zu freuen oder sich beizustehen, wenn Trauriges geschieht.

Glück bedarf also der Fähigkeit, sich dauerhaft, echt und tief an andere Menschen binden zu können, und ebenso dauerhaft, echt und tief wiedergeliebt zu werden. Das gibt Kraft. Aber es kostet auch Kraft, denn der andere will ebenso vorkommen wie ich, will gesehen und gehört und ab und zu auf schönste Weise überrascht werden. Dafür ist es nötig, die Ökonomie der Liebe nicht aus dem Blick zu verlieren und damit die fragile Balance zwischen zwei unterschiedlichen Menschen, die beschlossen haben, füreinander wichtig zu sein. Wen muss ich mal wieder einladen, wem muss ich zuhören, wer braucht liebevolles Feedback auf ein Projekt oder einen Erfolg? Und wem geht es schlecht, wer will getröstet und verstanden werden?

Jede gute Beziehung lebt davon, dass beide bewusst darauf achten, dass das Gleichgewicht immer wieder hergestellt wird. So sagt auch Epikur: »Jede Freundschaft ist um ihrer selbst willen zu wählen; den Beweggrund dazu aber bildet der Nutzen.«

Und obwohl es immer wieder Phasen gibt, wo die eine mehr und die andere weniger beitragen kann, und obwohl Liebe auch Selbstlosigkeit ist und wir einander weder aufrechnen noch ausrechnen können, ist jede Beziehung zugleich eine Investition in eine gemeinsame Zukunft. Sich einer oder einem anderen zu verpflichten, bedeutet, langfristig zu planen, vielleicht bis zum Tod. Es heißt, diesen Menschen zu wählen und keinen anderen, sich festzulegen, verwundbar zu sein. Wir hinterlassen Spuren aneinander, sichtbare und unsichtbare. Jeder Mensch ist ein Museum der Liebe. Ich trage die Gesten und Blicke meiner Liebsten in mir, ihre Meinungen, ihre Künste, ihre Praxis: Wie man eine Pasta kocht, ein Wort ausspricht, einen Sachverhalt beurteilt. Doch zueinander gut zu sein heißt ebenso, die Spuren des anderen im Eigenen zu bejahen, wie den anderen so zu lieben und zu achten wie sich selbst. Dafür gilt es immer wieder, das große Ganze der Beziehung in den Blick zu nehmen und bewusst dafür Sorge zu tragen, dass die Balance aus Geben und Nehmen trotz aller kurzfristigen Unwägbarkeiten gewahrt bleibt. Denn wahres Glück ist nicht nur zu lieben und geliebt zu werden, sondern auch, dieser Liebe wert zu sein.

Liebesworte

Glück ist Liebe, nichts anderes.
Wer lieben kann, ist glücklich.

HERMANN HESSE

Jeder Mensch wird allein geboren, jeder stirbt allein. Einsamkeit ist eine Grundempfindung. Einsamkeit und der Abgrund, der zwischen uns liegt; zwischen mir und dir; und zwischen mir und der Welt. Glück beginnt dort, wo wir angesichts dessen fähig sind, flüchtige oder dauerhafte Brücken zum anderen zu schlagen.

Unsere Beziehungen sind solche Brücken. In ihnen erfahren wir Austausch, gegenseitige Anteilnahme und gemeinsames Wachstum. Doch obwohl wir aufeinander bauen können und bauen müssen, versäumen wir oft, einander auch zu würdigen. Stattdessen gehen wir gern davon aus, dass die geliebten Menschen in unserem Leben schon wissen würden, was sie uns bedeuten. Wir neigen dazu, unser Verhalten für sich sprechen zu lassen: »Liebe Freundin, ich interessiere mich für dein Leben, deine Triumphe, deinen Kummer; auch ich erzähle dir von meinen Freuden und Sorgen, du musst doch wissen, dass du mir wichtig bist.«

Die Wahrheit ist: Wir wissen es nicht. Nicht so genau zumindest. Und selbst wenn wir es ahnen, tut es gut, immer wieder daran erinnert zu werden. Aber wie kommuniziert man so etwas auf konkrete Weise? Ich kann es sagen, mailen oder in einem Brief schreiben. Aber so ganz ohne Anlass? Und was genau soll ich dann sagen? Ich liebe dich? Mir schlottern die Knie. Ich hab dich lieb? Oh, nein. Du bist mir wichtig? Gähn. Du bedeutest mir viel? Ach, wirklich?

Vielleicht ist es einfacher, am anderen Ende anzufangen. Denn es gibt nur zwei Arten von Adressaten solcher Liebesworte: Verwandtschaft und Wahlverwandtschaft. Bei Ersteren, den Unvermeidlichen, besteht die Kunst darin, das Liebenswerte zu suchen, zu finden und dann zu lieben. Die Zweiten machen es uns leichter, denn wir haben sie schließlich ausgewählt. Aber vor allem – Liebesworte sind keine maßgeschneiderten Komplimente, sondern zärtliche Versicherungen. Warum also groß drum herumreden?

Du bereicherst mein Leben. Ich bin froh, dass ich dich habe. Ich mag dich, du altes Eulenauge! Hinter Scherz und Übertreibung kann manchmal echte Zuneigung aufblitzen; das ist auch eine Lösung für Menschen, die nicht gerne über ihre Gefühle sprechen.

Man muss die Liebesworte auch gar nicht aussprechen, man kann sie ebenso gut schreiben. Mailen. Posten. Nur mitteilen muss man sie. Eltern stehen auf Deutlichkeit, die Liebsten oft ebenso. Und die anderen: Freundinnen, Kollegen, geschätzte Bekannte? Jeder von uns zweifelt doch an sich, an den anderen und an der Belastbarkeit möglicher Brücken. Deshalb sind alle Liebesworte heilsam und förderlich. Dazu brauchen wir keinen Anlass. Einfach raus damit! Gerade die Absichtslosigkeit adelt diese zärtlichen Gefühle.

Liebesworte verstärken aber nicht nur das, was ist, sondern bauen auch eine Brücke ins Mögliche. Jede neue Beziehung beginnt mit einem Gefühl von Teilhabe, Komplizenschaft, Verständnis – und dem Mut, auszusprechen, dass diese Begegnung, dieser Mensch einem etwas bedeutet. Je älter ich werde, desto schwerer scheint es mir, neue enge Bindungen zu knüpfen. Als wäre die innere Bürokratie ins Unermessliche gewachsen, als gäbe zu viel zu verstecken, als wäre es zu mühsam, zu denen vorzudringen, die wir einst gewesen sind.

Aber es ist immer möglich, ich habe es selbst erlebt. Wir sind dafür gemacht, einander wichtig zu sein, gemeinsam die Welt zu begreifen und miteinander das Schicksal zu teilen, unvollkommene Menschen mit guten und schlechten Seiten zu sein.

Und selbst wenn wir uns bei der Verbalisierung unserer Verbundenheit manchmal gewisser Umwege und ironischer Verbrämungen bedienen müssen, lohnt es sich. Immer wieder. Denn alle ausgesprochene Zuneigung, die ernst gemeint und ehrlich vorgetragen wird, neigt dazu, süß und üppig zu uns zurückzukehren.

Selbstliebe

Jeder Mensch ist eine kleine Gesellschaft.
SIGMUND FREUD

Wir sind nicht allein in unserem Kopf. Jeder Mensch trägt in sich ein Universum von Meinungen, Überzeugungen und Wünschen. Auf die Frage »Wer bin ich?« können ganz verschiedene Stimmen antworten. Die Kunst besteht darin, der richtigen Stimme zuzuhören. Derjenigen, die sagt, was die letzte Wahrheit über jeden Einzelnen von uns ist: Du bist einmalig. Du bist wertvoll. Es ist schön, dass es dich gibt.

Und doch gibt es Menschen, die sich schon vor dem Aufstehen selbst vorsagen, was sie für hoffnungslose Versager sind. Dass sie dumm sind, faul, hässlich und allgemein wenig wert. Da hat man kaum noch Lust auf diesen Tag. Oder auf sein Leben.

Wenn ich mich nicht mag, warum sollten mich dann andere mögen? Glück und Selbstbild sind eng miteinander verknüpft. Und ein liebevolles Verhältnis zu sich selbst ist die Grundlage allen Wohlbefindens. Dafür ist es notwendig, den eigenen Geist zu klären, indem man nach innen blickt und prüft, was man eigentlich wirklich von sich selbst denkt. Sollte man feststellen, dass man keine besonders gute Meinung von sich hat, kann es helfen, sich klarzumachen, dass die schlimmsten Urteile über einen selbst meist nur Behauptungen anderer sind, die man sich ungeprüft zu eigen gemacht hat. Manchmal sind das Elternstimmen oder Lehrer, die an uns gezweifelt haben, manchmal alte Freunde oder Geliebte. Solche Kränkungen und Abwertungen können lange zurückliegen, doch manche von ihnen haben wir verinnerlicht und hüten sie wie eine alte Platte, die wir immer wieder abspielen. Nur für uns.

Jeder hat seine eigenen bösen Stimmen, die vom Scheitern sprechen, von der Wertlosigkeit. Oder die uns erzählen, was wir dürfen und was nicht, was angemessen ist, was gar nicht geht, wie wir sein müssen, was wir wollen sollen. Und wir – wir hören aufmerksam zu.

Die erste Frage lautet also: Was denke ich von mir? Und wenn meine Antwort ist: Ehrlich gesagt, finde ich mich feige, langweilig, hässlich usw., ist wenigstens klar, wo der Feind sitzt. Dann ist es notwendig, mich zu fragen, woher denn diese Information kommt. Wer sagt denn so etwas? Wer spricht hier eigentlich?

Seltsam, wem ich da begegne: K. aus dem Kindergarten, S. aus der Schule und dem brutalen B., die alle verletzende Sachen über mich gesagt haben. Und so geht es weiter. Menschen über Menschen. Nur ich selbst komme nicht vor. Und das sollte anders sein.

Wir sind, zu einem großen Teil, das, was wir denken, was wir sind. Und es wäre fatal, wenn wir uns dabei nur auf die ungnädigen Urteile anderer verlassen würden. Denn andere Menschen sind Zerrspiegel, wenn es um unsere innersten Qualitäten geht. Jede fremde Stimme, die wir als solche identifizieren und versuchen, unschädlich zu machen, macht uns freier. Führt uns näher an die einzig gültige Tatsache: dass wir alle wertvoll sind. Und einzigartig.

Es hat mir geholfen, mit bewussten Selbstbejahungen zu arbeiten. Da steht dann Behauptung gegen Behauptung.

Eine Stimme sagt: Du arme Sau, du kriegst sowieso nichts gebacken. Die andere sagt dann: Ich schaffe das schon, ich glaube an mich. Das ist ein bisschen wie ein Ballerspiel: Niemals aufhören zu feuern, bis der Feind am Boden liegt.

Was auch hier ganz gut funktioniert, ist, so zu tun, als ob. Mag es in mir noch so zetern und klagen, ich kann mich zumindest so verhalten, als sei ich ein Mensch, der sich schätzt und mit sich zufrieden ist. Oder als wäre ich schon genau die, die ich sein möchte.

Dafür sollten wir allerdings nicht versäumen, uns zu fragen, was wir selbst an uns mögen. Und selbst wenn da ganz lange nichts kommt: Der Verstand ist so gebaut, dass er auf wirklich alle Fragen eine Antwort findet. Wenn ich mich beispielsweise frage, warum ich dieses und jenes schon wieder verbockt habe, geht das ja immer schnell mit überzeugenden Begründungen. Diesen Mechanismus können wir auch für Nährendes nutzen. Also: Was genau mag ich an mir? Was macht mich liebenswürdig? Was kann ich gut? Worauf bin ich stolz?

Diese Antworten sollten wir hüten, lieben und verteidigen. Sie sind wahrer als eine blöde Bemerkung, die jemand vor x Jahren gemacht hat. Und das Leben ist viel zu kurz, um innerhalb der Grenzen und Beschränkungen zu leben, die andere uns auferlegt haben.

Vergleichen

Das Vergleichen ist das Ende des Glücks
und der Anfang der Unzufriedenheit.

SØREN KIERKEGAARD

Es gibt lediglich ein wirklich neues und einmaliges Ereignis in dieser Welt: dich. Und dich. Und dich. Jeder einzelne Mensch ist ein unwiederholbares neuronales Muster. Ein Individuum, unteilbar. Die Würde des Menschen liegt in dieser Einzigartigkeit. Und das Unglück des Menschen? Das liegt im Sich-mit-anderen-Vergleichen.

Doch warum vergleichen wir uns? Hier kommt die Evolutionsbiologie ins Spiel. Wir sind nicht rational. Leider. Für ein Experiment wurden Leute gefragt, ob sie lieber 50 000 Dollar in einer Umgebung verdienen würden, in der alle anderen ein Einkommen von 25 000 Dollar hätten, oder ein Gehalt von 100 000 Dollar bevorzugten in einem Umfeld, in dem die Nachbarn durchschnittlich 250 000 Dollar bezögen.

Die große Mehrheit der Befragten hätte lieber mehr Geld als die anderen als mehr Geld absolut. 50 000 Dollar statt 100 000 Dollar. Vernünftig ist das nicht. Aber evolutionsbiologisch erklärbar: Wir sind darauf geeicht, ständig unseren sozialen Status zu überprüfen und dabei darauf zu achten, wenigstens innerhalb der Peergroup obenauf zu sein.

Das war sinnvoll in kleinen Gemeinschaften vor Tausenden von Jahren, wo der Ausschluss aus dem Sozialverband tatsächlich lebensbedrohlich sein konnte. Aber heutzutage behindert uns unsere Neigung zum Statusabgleich. Denn die meisten von uns leben in großen Städten, und fast alle Menschen führen auch ein Leben im Internet, wo wir uns als vielfach vernetzt und verbunden erfahren. Aber zugleich als vielfach unterlegen. Es wird immer jemanden geben, der besser aussieht, ein aufregenderes Leben führt oder hübschere Kinder hat. Und mittlerweile müssen wir uns nicht nur mit der Dorfschönheit oder dem erfolgreichsten Unternehmer der Gegend messen, sondern mit den Besten der Welt. In unseren Wohnzimmern sitzen Supermodels, Spitzensportlerinnen und Multimilliardäre und protzen, was das Zeug hält. Ganz zu schweigen davon, dass die sozialen Medien selbst darauf angelegt sind, ihre Inhalte zu beschönigen.

Alles zusammen schickt uns in eine Neidspirale, die man als Hamsterrad des 21. Jahrhunderts bezeichnen könnte, eine gigantische Verschwendung von Ressourcen, Energie und Lebenszeit. Dabei halten uns die sozialen Medien nicht nur unendlich beschäftigt, sondern machen auch süchtig. Und obwohl ich bis heute nicht begriffen habe, warum mich vor dem Einloggen das Gefühl überkommt, gleich etwas Wesentliches und Wertvolles zu unternehmen, will ich es nach einer kurzen Weile wieder tun. Es könnte ja was zu sehen geben. Wenn nicht bei mir, dann bei den anderen. Wobei wir wieder beim Neid wären.

Aber nicht nur das Netz, ebenso das private Umfeld kann Anlass zu zermürbenden Vergleichen bieten. Auch hier wird es immer jemanden geben, der etwas besser kann, erfolgreicher ist oder beliebter, was besonders weh tut, wenn man gerade durch eine weniger gute Phase des Lebens geht. Gerade dann ist es wichtig, sich daran zu erinnern, dass wir niemals wissen, wie es in einem anderen Menschen aussieht und was für einen Preis er für sein Leben zahlt.

Sich immer wieder neu vom Sich-Vergleichen zu lösen, ist eine geistige Übung. Es hilft, über den Abgrund zu meditieren, der uns trotz allem, was wir gemeinsam haben, voneinander trennt. Ich kann einem anderen sein Glück nicht nehmen, ebenso wie ich nicht an seiner Stelle handeln kann. Das Leben ist eine persönliche Angelegenheit, und sich dieser Wahrheit nicht zu stellen heißt, das eigene Leben zu verschwenden. Für jeden von uns zählt nur seine Existenz. Das ist alles, worüber wir im Rahmen des uns Möglichen bestimmen können, das Einzige, was wirklich in unserer Hand liegt. Denn so sehr ich auch die Triumphe eines anderen beneiden mag – sie sind mir in dieser Form unzugänglich, ich kann sie nicht an mich nehmen. Und wenn der andere scheitert oder versagt, hat das ebenfalls keine direkten Auswirkungen auf mein persönliches Dasein.

Aber gerade weil wir auf eine bestimmte Weise stets aneinander vorbeigehen, ist es wichtig, auch aneinander Anteil zu nehmen. Glückliche Menschen freuen sich über die Erfolge anderer und zeigen Mitgefühl bei deren Misserfolgen. Sie erweitern ihr Leben um das Leben der anderen, anstatt sich von ihnen bedrängen zu lassen. Der Vergleich mit anderen ist tatsächlich das Ende unseres Glücks und der Anfang unserer Unzufriedenheit, wie Kierkegaard sagt. Und damit ein Feind, den es bewusst und immer wieder zu bekämpfen gilt, indem man sich bewusst macht, dass Vergleichen schädlich ist, und allen diesbezüglichen Gedanken entschlossen entgegentritt.

Der Impuls, sich zu vergleichen, wird bleiben. Aber es liegt an uns, wie wir damit umgehen. Und der edelste Kampf ist immer noch der des Menschen mit sich selbst.

Glückstagebuch

Der Mensch hat eine Vorliebe für Tragik.

DIE GLÜCKSFORMEL, STEFAN KLEIN

Der Mensch ist nicht fürs Glück gebaut. Evolutionsbiologisch ist dauerhaftes Glück kein erstrebenswerter Zustand. Hätten sich unsere Vorfahren mit dem Dargebotenen zufriedengegeben, säßen wahrscheinlich immer noch irgendwelche haarigen Wesen in grünen Tälern bei tropischen Früchten. Und uns gäbe es gar nicht. Aber so ist es nicht gekommen. Das wasserreichste Tal, die süßeste Melone – alles nicht genug. Weiter, weiter, immer weiter. Was wir erstreben, ist eben nicht das Ankommen, sondern das Streben selbst, eine unendliche Bewegung hin zu all dem, was uns verlockend und begehrenswert erscheint. Aber wenn wir es erlangen, ist es uns oft nicht mehr viel wert. Alle Freuden dieser Welt nutzen sich ab, werden schal, belanglos, vergehen. Ganz anders das Unglück. Es kommt und bleibt. Und lädt auch noch die ganze Familie ein: Missmut, Selbstmitleid, Verzweiflung.

Selbst kleine Störungen bemächtigen sich unserer Aufmerksamkeit und lassen sie nicht mehr los. Wie in einem eigentlich perfekten Urlaub, wo es beim Frühstück am zweiten Tag verdorbenen Orangensaft gegeben hat, und manche es fertigbringen, das Wetter, den weißen Sandstrand, das ansonsten üppige Buffet und alles andere einfach so hinzunehmen und lieber den Rest der Urlaubs über den verdorbenen Orangensaft zu schimpfen.

Diese Fixierung auf alles, was für Leib und Leben bedrohlich sein könnte, ist aus evolutionsbiologischer Sicht durchaus sinnvoll. Sie stellte in der Vergangenheit sicher, dass sich bei drohender Gefahr alle Komponenten des biologischen Systems in höchster Alarmbereitschaft befanden, und zwar so lange, bis die Gefahr vorüber war. Es ging ums Überleben. Heutzutage geht es um die Lebensfreude. Und genau die kann diesem Mechanismus zum Opfer fallen. Denn negative Emotionen sind totalitär. Sie drängen sich laut in den Vordergrund unseres Bewusstseins und bleiben, bis der gesamte Organismus davon überzeugt ist, dass alles wieder sicher ist. Moderne Stresssituationen jedoch können andauern, manchmal bis zur Pensionierung.

Da wir dazu neigen, das Gute zu vergessen und das Schlimme zu betonen, hat das Streben nach Glück immer zwei Seiten: das Vermindern der negativen Emotionen und das Verstärken der positiven. Nur wie stellen wir das an?

Wenn ich an eine bestimmte Woche denke, fallen mir sofort der Termin ein, den ich verpasst, ein schwieriges Telefonat, das ich geführt habe, und dieser eine Nachmittag, an dem ich viel zu viel von etwas nicht besonders Gesundem gegessen habe. Keinesfalls denke ich an die wunderbare Ausstellung, die ich mit einem Freund gesehen habe, an den genüsslichen Abend mit A. oder die beglückende Zusammenarbeit mit E.

Martin Seligman, Mitbegründer der Positiven Psychologie, beschäftigt sich mit der für ein gutes Leben notwendigen Schulung unseres unbewussten Blickes. Und obwohl die Positive Psychologie in den letzten Jahren immer wieder unter Beschuss geraten ist – unter anderem durch Eva Illouz und

Barbara Ehrenreich, die beide die Würde und das Potenzial unserer negativen Emotionen in den Blick nehmen –, verdanken wir ihr doch wertvolle Ansätze und Einsichten. Wie Seligmans Idee eines Glückstagebuchs: Jeden Abend drei Dinge aufschreiben, die einen gefreut oder beglückt haben. Das können kleine Dinge sein, eine Nachricht, eine Himmelsfarbe, ein guter Satz in einem Buch. Dass man ein Tier gesehen, dass etwas gut geschmeckt oder dass man etwas hinbekommen hat.

Das Festhalten dieser Glücksmomente ist eine bewusste Strategie gegen die unbewusste Verzerrung unserer Wahrnehmung. Glück kann trainiert werden. Und ein Glückstagebuch kann dabei hilfreich sein. Ich habe es ausprobiert. Und seltsam – egal wie schlecht der Tag sich angefühlt haben mag, immer finde ich Momente, die es wert sind, notiert zu werden. Zum Beispiel an jenem Tag: ein Spaziergang am frühen Morgen, als die Stadt noch leer war. Eine Stunde im Café mit einem Buch. Das lange Gespräch mit einer Freundin. Wenn ich das so hinschreibe, denke ich mir: Was für ein gelungener Tag! Und wie gut, dass ich das festgehalten habe. Denn sonst hätte ich mich nur an eine unangenehme E-Mail erinnert, die mich um die Mittagszeit erreichte, und daran, dass mich der Hausmeister versetzt hat.

Durch das Aufschreiben der glücklichen Momente haben sich meine Gefühle und meine Erinnerungen verändert, sie sind heller, wacher und froher geworden. Denn beides ist wahr, das Gute und das Schlechte des Lebens, und doch liegt es bei uns, welchem Teil wir gewillt sind, mehr Aufmerksamkeit zu schenken.

Dankbarkeit

Die Zufriedenheit und die Dankbarkeit
sind zwei unzertrennliche Weggefährten,
sie verstehen einander blind.

LEBENSSPUREN, ERNST FERSTL

»Wie geht es Ihnen? Sind Sie mit Ihrem Leben zufrieden?«

»Ach, es könnte besser sein. Ich habe einige Geldsorgen, mein kleines Bad nervt mich, und die fruchtlosen Auseinandersetzungen mit N. hätte ich mir wirklich sparen können.«

»Aha. Also nicht glücklich? Ist irgendetwas Schwerwiegendes nicht in Ordnung?«

»Na ja, gesund bin ich schon. Meine Lieben ebenso. Hungern muss ich auch nicht, das Bad ist zwar hässlich, aber es hat Warmwasser, und an allem anderen bin ich selbst schuld.«

»Also gar nicht so unglücklich?«

»Eigentlich – ach, es geht schon.«

Das betrifft nicht nur mich, sondern uns alle. Deutschland ist ein Land, in dem es den meisten von uns ziemlich gut geht. Wir leben in privilegierten Verhältnissen, global betrachtet. Das allein ist schon ein Grund, dankbar zu sein. Doch es geht um mehr. Denn Dankbarkeit verbindet uns nicht nur mit unserem Leben, sondern ist auch ganz allgemein eine geistige Haltung, die wir kultivieren müssen, wenn wir glücklich sein wollen. Sie beginnt mit einer bewussten Anerkennung aller Dinge, die wir unser Eigen nennen können – ob Geschenktes oder Errungenes, ob verdient oder ohne eigenes Zutun. Doch das Gefühl der Dankbarkeit umfasst auch unsere Fähigkeit zum Staunen, die Wertschätzung unseres Lebens und unserer Liebsten und die Erkenntnis, dass nichts, was wir besitzen, selbstverständlich ist.

Besonders Letzteres fällt uns schwer, da unser Gehirn zu Anpassung und Normalisierung neigt und wir aller Freuden allzu schnell überdrüssig werden. Die olle Wohnung, die alten Freunde, die tausendste Portion Spaghetti? Laaangweilig. Kenn ich schon. Da wird irgendwann tatsächlich nicht einmal mehr das kleinste Tröpfchen Glücksgefühl ausgeschüttet. Dagegen müssen wir ankämpfen. Dankbarkeit zu praktizieren bedeutet, der wohlfeilen Selbstverständlichkeit unseres Daseins zu widerstehen und dadurch bewusster zu leben.

Wer damit beginnt, sich an den kleinen Dingen zu freuen, ist schon auf dem Weg zum Glück. Dafür muss man aber wissen, was diese Dinge für einen selbst sind. Welche Kleinigkeiten machen dich glücklich? Welche Bilder, Geschmäcker oder welche Musik erzeugen Wohlbefinden und Heiterkeit? Mich beglücken schöne Blumen auf dem Küchentisch. Oder frisches Brot. Oder dieser Radiosender, der nur Musik aus den Achtzigern und Neunzigern spielt.

Des Weiteren geht es um ein Innehalten. Um Besinnung. Darum, sich »Was habe ich?« zu fragen, anstatt »Was fehlt mir noch?«. Beim Aufzählen der Posten auf der Habenseite tauchen oft andere Menschen auf, Kinder, Familie oder liebe Freunde; vielleicht denkt man auch an die Gesundheit oder an die Arbeit oder an das Zuhause. Dankbarkeit hilft uns dabei, den wahren Wert dieser so leicht aus dem Blick geratenden Lebensdinge immer wieder neu bewusst zu machen. Auch hier kann es helfen, sich Notizen zu machen, um gegen die allzu große Selbstverständlichkeit des Bekannten vorzugehen. Ebenso wie gegen die ebenfalls sehr menschliche Neigung, sich mehr beim Schlechten als beim Guten aufzuhalten.

Unsere Zufriedenheit steigt messbar, wenn wir immer wieder Dinge notieren, für die wir dankbar sind. Das können nicht nur die Dinge sein, die unser Leben tragen, sondern auch Erfahrungen wie eine Begegnung, ein Kompliment oder ein unerwartet sonniger Tag.

Das betrifft ebenso unseren Umgang mit unserer eigenen Vergangenheit. Denn auch dort gibt es Menschen, denen wir dankbar sein können, Menschen, die uns geholfen, unterstützt und an uns geglaubt haben. Wer war wichtig für mich? Von wem habe ich etwas gelernt? Wem verdankt sich der Mensch, der ich geworden bin?

Martin Seligman rät an dieser Stelle, solchen unverzichtbaren Menschen spontan einen Dankesbrief zu schreiben. Den brauchten wir nicht abzuschicken, denn schon das Verfassen solcher Briefe steigere merklich und dauerhaft das Wohlbefinden.

Ist das wirklich so? Ich schreibe an eine liebe Tante und fühle mich gut dabei. Als der Brief fertig ist, beschließe ich ihn abzuschicken. Sie freut sich sehr. Ich mich auch.

Sich an die Menschen zu erinnern, denen man dankbar ist, erzeugt ein Gefühl der Verbundenheit und stärkt die Gewissheit, dass es schön ist, dass es uns alle gibt. Dankbarkeit ist bewusste Aufmerksamkeit für das Schöne, Gute, Bedeutungsvolle. Das Staunen, jetzt und hier am Leben zu sein. Der Respekt vor denen, die dieses Leben mit uns teilen. Die Wertschätzung jedes einzelnen Augenblicks. Und die Möglichkeit, sich dadurch immer wieder mit unserer Lebendigkeit zu versöhnen.

Rotation der Genüsse

Des Honigs Süße verdrießet,
so man zuviel genießet.

FREIDANK

In der Sonne sitzen und dabei an nichts denken. Frischgefangener Fisch, gegrillt. Nach Sauna und Abkühlung daliegen. Textur und Geruch fremder Haut. Ein Buch lesen, während es draußen regnet. Vollmond. In ein frischbezogenes Bett schlüpfen. Ein Gespräch mit einer alten Vertrauten, die man lange nicht gesehen hat. Schokoladentrüffel. Wenn sich eine Katze zum Schmusen niederlässt. Ein Spaziergang entlang eines Flusses. Sommerregen. Stille. Ein Kind küssen. Leidenschaftlich einen Standpunkt verteidigen. Eine Ausstellung sehen, die einen unerwartet begeistert. Lautes herzliches Lachen. Der Duft von Flieder. Das Geräusch, wenn die Nadel des Plattenspielers auf dem Vinyl aufsetzt. Aufs Meer schauen. Einen neuen Menschen kennenlernen, der zu einem Freund werden könnte. Ausschlafen. Früh aufstehen und den stillen Morgen genießen. Abreisen. Wieder nach Hause kommen.

Die Welt ist voller Genüsse. Doch so vielfältig die möglichen Freuden sind, eines haben sie gemeinsam: Auf Dauer werden sie langweilig und gehen uns auf die Nerven. Wir gewöhnen uns an alles, stumpfen ab und bringen es fertig, irgendwann den größten Luxus mit einem müden Lächeln zu quittieren. Unser Gehirn ist nicht nur undankbar und auf Störungen und Gefahren fixiert, sondern auch süchtig nach Abwechslung. Deshalb gibt es nur eine Strategie, das Genießen zu beherrschen: Abwechslung oder die »Rotation der Genüsse«, wie der Wissenschaftsjournalist Stefan Klein es nennt. Ein bisschen Stille, ein wenig Bewegung, ein paar alte Freunde, auch ganz neue Menschen, manchmal lesen, manchmal dösen und ab und zu versuchen, bewusst in die Sterne zu blicken.

Die Schönheit der Welt entgeht uns, wenn wir ihr keine Aufmerksamkeit schenken. Genießen ist Gegenwärtigkeit, ein ebenso intensiver wie flüchtiger Einklang mit dem Leben. Damit er immer wieder stattfinden kann, brauchen wir nicht nur immer wieder neue Genüsse, sondern müssen uns auch immer wieder bewusst entwöhnen. Ob man vor oder nach einem großen Essen fastet, eine Weile keinen Alkohol trinkt oder keinen Zucker isst – alles kann dazu dienen, dem blass und vertraut Gewordenen wieder Feuer und Farbe zu verleihen.

Das gilt ebenso für die Liebe, gerade dort. Nur wer sich trennt, kann sich wiederfinden, und nur wer fern sein darf, bleibt nah. Wie sehr ich mich nach einer kleinen Abwesenheit immer freue, meinen Mann wiederzusehen! Auch, weil wir beide dann etwas Neues zu erzählen haben – die eine vom Fortsein, der andere vom Dableiben. Oder andersherum. Doch wenn man monatelang nur aufeinandersitzt, weil der Geldbeutel schmal ist, die Kinder klein sind oder gerade eine Pandemie herrscht, muss man sich bewusst anstrengen, um sich nicht aneinander zu erschöpfen. Wenn mein Freund B. länger zu Besuch bei seinem Vater ist, haben sie deshalb die Regel, erst am Abend miteinander zu sprechen. Nicht nur kleine Geschenke, auch kleine Pausen erhalten die Freundschaft. Und wie viel schöner ist ein Fest, wenn alle, die kommen, einander schon ein wenig vermisst haben.

Manchmal müssen wir also tatsächlich Verzicht üben, um genießen zu können. Denn der Mensch ist das einzige Tier, das sich selbst in einen Käfig sperren kann. Einen Käfig aus Routine, Überdruss und Langeweile, wobei das Gemeinste daran ist, dass unser Gehirn mit seiner Neigung, sich an alles zu gewöhnen, diese Wahrnehmung sogar noch befördert.

Wenn wir glücklich werden wollen, können wir uns nicht einfach uns selbst überlassen, sondern müssen immer wieder in einen Dialog mit unseren evolutionsbiologisch bedingten Neigungen treten. Und obwohl wir unserer Tendenz, alles allzu rasch für selbstverständlich zu halten, zum Opfer fallen können, sind wir doch auch geistige Wesen, die sich selbst in der Hand haben und in der Lage sind, ihr Verhalten zu einem großen Teil zu steuern. Dabei geht es nicht um einfache Regeln, sondern um Angemessenheit. Routinen können uns einsperren oder befreien, je nachdem, was sie für uns bedeuten. Meist besteht der Unterschied darin, dass wir uns die guten, förderlichen Routinen bewusst ausgesucht haben, während sich die unguten Routinen fast ohne unser Zutun eingeschlichen zu haben scheinen und uns glauben lassen, das Leben sei vorhersehbar.

Wenn wir unser Leben genießen wollen, müssen wir deshalb zwei widersprüchliche Neigungen ausbalancieren – dass wir es uns mit faden Routinen selbst langweilig machen und dass uns zugleich leicht langweilig wird. Gerade im Umgang mit unserer Genussfähigkeit geht es deshalb um paradoxe Strategien wie geplante Spontaneität, kontrollierte Überschreitung und alle Arten mündiger Selbstüber-

listung. Denn mit dem Genießen ist es wie mit dem Heimkommen: Nur wer weggeht, kann zurückkehren, und nur
wer Abstand nimmt, kann sich annähern und wieder freuen.

Selbstbeobachtungen

Mein Bewusstsein möchte den Sieg der
vegetarischen Lebensweise,
mein Unterbewusstsein giert nach einem
saftigen Stück Fleisch. Also, was will ich?
STALKER, ANDREI TARKOVSKI

Ja, was will ich denn? Eine beunruhigende Frage. Sie lässt
Abiturienten erbleichen, Hochschulabsolventinnen nervös
werden und Pensionierte mit den Zähnen klappern.

Doch die Antworten sind eigentlich ganz einfach. Wenn
wir ein bisschen nachdenken, wollen wir alle so ziemlich
das Gleiche: geliebt werden, selbst lieben dürfen, vielleicht
Kinder haben. Einen erfüllenden Beruf, glückliche Beziehungen, was sehen von der Welt. Und wenn wir uns keine
Mühe geben, nachzudenken, wollen wir meist einfach das,
was man gerade wollen soll: Geld und Zeug, Erfolg und Einfluss, gutes Aussehen und einen hohen Status. Und natürlich von allem die beste, neueste und beneidenswerteste Version. Und davon mehr. Vor allem mehr, als der Nachbar hat.

Aber wenn man sich darauf konzentriert, besser als andere zu sein, hat man schnell das Problem, dass es immer
jemanden geben wird, der mehr hat als man selbst, erfolgreicher ist oder beliebter. Deshalb beginnt Glück mit der
Kunst, die richtigen Fragen auf die richtige Weise zu stellen.
Wenn wir uns »Was will ich?« fragen, geraten wir leicht an

den Teil unseres Gehirns, der einfach nur der oder die Beste sein will, das Leben als Konkurrenzkampf betrachtet und sich überdies an alles Erfreuliche viel zu schnell gewöhnt. Wenn wir stattdessen einen anderen, vielleicht weiseren Teil von uns erreichen wollen, müssen wir auch anders fragen, nämlich: Was tut mir gut? Was stärkt mich? Und was löst Gefühle von Behagen, Sinn und Zufriedenheit in mir aus?

Das sind stille Fragen, die nur einen selbst etwas angehen. Um sie zu beantworten, müssen wir uns beobachten, uns erkennen und ernst nehmen. Also genauer: Was sind die schönen Dinge meines Lebens? Was lässt mich lächeln, was wärmt mich? Was macht mich froh, was lässt mich Vorfreude empfinden?

Aus solchen feinfühligen Selbstbeobachtungen können Kopfkissenbuch-Listen entstehen, inspiriert von dem *Kopfkissenbuch* der japanischen Hofdame Sei Shōnagon. Sie verfasste dieses ebenso subjektive wie poetische Kompendium vielfältiger Betrachtungen um das Jahr 1000; es enthält Beobachtungen des Wetters, der Landschaft, Beschreibungen von Szenen am Hofe und einige sehr individuelle Listen. Sei Shōnagon zählt unter anderem schöne Dinge, peinliche Dinge und verwahrloste Dinge auf, was einen beim Lesen dazu anregt, selbst mit dem Listenschreiben zu beginnen. Diese auch nach über 1000 Jahren noch wirksame Ansteckung hat den Regisseur Peter Greenaway zu dem Film *Die Bettlektüre* angeregt; darin geht es um Liebe, Kalligraphie, Bücher, Verlust und Tod. All diese Erfahrungen befähigen die Hauptdarstellerin am Ende dazu, ihr eigenes Kopfkissenbuch zu verfassen.

Aber es muss nicht gleich um alles gehen. Um anzufangen, kann man zwei einfache Listen ausprobieren: Dinge, die ich mag, und Dinge, die ich nicht mag. Ich mag: Ranunkeln, Ordnung, Katzen. Sauce hollandaise, dunkles Grün, die blaue Stunde, Spaziergänge am frühen Morgen, die Kruste vom Brot, den Geruch von Feuerwerkskörpern. Ich mag nicht: Festivals, Lakritze, Light-Produkte. Orange, Unpünktlichkeit, Horrorfilme, Wellen, herbe Düfte, helles Holz. Das ließe sich noch seitenlang fortsetzen, wobei sich schnell bestimmte Kategorien herausschälen wie Geschmacksrichtungen, Farben, Stimmungen, Charakterzüge, Landschaften, Tiere, Musik-, Film-, Kunstgenres, Tageszeiten, Situationen.

Es hat mich beglückt, diese beiden Listen zu schreiben, zu überarbeiten, zu verlängern und immer wieder zu studieren. Das ist das Persönlichste, was ich mir vorstellen kann, denn jeder Mensch ist einzigartig, ebenso wie jede Liste. Kopfkissenbuch-Listen zu verfassen heißt, uns zuzuhören, uns wichtig zu nehmen und uns immer wieder über unsere ganz persönlichen Vorlieben und Abneigungen klar zu werden. Doch vor allem heißt es, unsere ganz persönlichen Empfindsamkeiten mit Achtung zu behandeln, diese feinen Fühler unserer Seele. Denn Glück ist, neben vielem anderen, auch zu sagen: So bin ich, ich allein.

Den Tag pflücken

Ohne etwas vollendet zu haben,
ohne etwas zum Abschluss gebracht zu haben,
was man sich vorgenommen hat,
ist ein Tag kein Tag.

DER RAHMEN, ERNST PÖPPEL

»Carpe diem«, pflücke den Tag, sagt der römische Dichter Horaz. Nur wie? Und warum eigentlich? Letzteres ist einfacher zu beantworten: damit man sich abends gut fühlt, ausgeglichen und zufrieden ist. Dahinter steckt die Einsicht, dass mit jedem Tag auch ein Stück Lebenszeit verrinnt und jeder Tag zugleich eine Einladung ist, uns diese Lebenszeit bewusst zu eigen zu machen. Doch der Tag hat auch Feinde – Hindernisse, Missverständnisse, Unglück. Und natürlich uns selbst. Denn zwischen mir und einem guten Abend stehen meine Faulheit, meine Bequemlichkeit und alle Arten von Ablenkung.

Dass es vor allem an uns liegt, wenn wir uns weigern, erwachsen zu werden und uns allem zu stellen, was anliegt, hat schon Immanuel Kant in seinem Aufklärungsaufsatz bemerkt. Von ihm stammt der Ausspruch »Wolle, was du musst«. Ein guter Tag beginnt also damit, sich darüber klarzuwerden, was getan werden muss, und es dann zu tun. Glück ist auch die Fähigkeit, sich auf sich selbst verlassen zu können. Den Abgrund zwischen Absicht und Ausfertigung überwinden wir dabei alle auf unsere je eigene Weise. Doch bei vielen hat es etwas mit der Dressur des inneren Tieres zu tun.

»Ich habe aber keine Lust«, mault es gerne in mir. »Ich bin müde, fertig, emotional oder körperlich angeschlagen; aus diesen und jenen guten Gründen kann ich dieses und jenes nicht tun, versteh mich doch.« Und ich sage: »Das tut mir aber leid, dass es dir so schlecht geht. Aber diesmal müssen wir einfach dieses oder jenes erledigen. Du weißt doch, dass es in diesem speziellen Fall keine Ausreden gibt; vielleicht wird es dir sogar guttun, dich ein bisschen ablenken.«

Und schon spüre ich das Straffen der inneren Zügel; das ist kein fernbestimmtes »Du musst«, sondern ein ganz konkretes. Wenn ich mir gehorche, spüre ich Befriedigung. Jeder hat dafür eine eigene Sprache, doch viele scheinen tatsächlich zu einer Art innerem Tier zu sprechen, das man wieder einmal dazu brachte, durch diesen oder jenen brennenden Reifen zu springen. »Ja, fein hast du das gemacht, feeeeiiiiiin«, sagt meine Freundin O. dann immer mit ihrer Stimme wie dunkles Toffee, und irgendwo schnurrt es; artig gewesen. Braves Tier.

Doch es geht nicht nur um die Dinge, die wir tun müssen. Sondern auch um die Dinge, die wir tun sollten, um das Gefühl zu haben, dem Tag und uns selbst gerecht geworden zu sein. In einer Zeit, in der sich Arbeit und Freizeit, Berufliches und Privates immer mehr vermischen, hat das viel damit zu tun, dem Tag eine Form und damit zugleich ein Ende zu geben. Deshalb ist es sinnvoll, wenn wir uns einerseits überlegen, was anliegt, und andererseits, was die Dinge sind, die diesem unwiederholbaren Tag, der vor uns liegt, ein Gefühl von Vollendung geben könnten. Ob wir etwas lernen, etwas festhalten oder etwas teilen wollen. Und wie wir uns dabei nicht nur um die Arbeit, den Haushalt oder unsere Performance, sondern ebenso um unsere Seele kümmern.

Es tut mir gut, am Morgen darüber nachzudenken, was ich muss und was ich sollte. Das gibt meinem Tag eine Richtung und es hilft mir, innezuhalten, wenn das Tagwerk getan ist. Gerade das Gefühl des guten Beendens kommt mir leicht abhanden, weil ich doch noch in die Mails schaue oder irgendwie weiterarbeite. Aber Glück ist zu wissen, wann Schluss ist. Und das können wir nur uns selbst sagen.

Doch nicht nur Pflicht und Neigung machen einen guten Tag, sondern auch der Zufall. Gerade weil es guttut zu planen, ist es unerlässlich, von seinen Plänen Abstand zu nehmen. Länger sitzen zu bleiben. Einem unerwarteten Hinweis nachzugehen. Sich Zeit zu nehmen für etwas, das erfreulich, albern oder sinnlos ist.

Ein guter Tag hat viele Gesichter. Ihn zu pflücken heißt, ihn ebenso auszukosten, wie ihn zu verschwenden. Denn obwohl es sehr befriedigend ist, ein gutes Tier zu sein und sein Tagwerk beisammen zu haben, ist es doch oft ungleich beglückender, ab und zu einfach nur ein faules Tier zu sein und träge in die Sonne zu blinzeln.

Versuchungen

Der einzige Weg, eine Versuchung loszuwerden,
ist ihr nachzugeben.

OSCAR WILDE

Die Schokolade ist im Kühlschrank eingeschlossen, und doch tönt ihre Stimme durch alle Türen und Wände hindurch. »Iss mich«, sagt sie, »nur noch ein Riegelchen, was ist denn schon dabei?«

»Aber ich habe gerade vier Riegel gegessen, außerdem ist es spät, und ich bin wirklich satt.«

»Darum geht es doch nicht, du bist mal wieder viel zu streng zu dir. Vier Riegelchen, fünf Riegelchen, wo ist denn da der Unterschied? Außerdem – das Beste ist sowieso, es zu Ende zu bringen. Komm nur meine Liebe, komm zu mir.«

Manchmal komme ich. Manchmal nicht. Manchmal bereue ich meine Entscheidung. Manchmal nicht. Glück bedarf der Fähigkeit, bewusst mit Versuchungen umzugehen. Ich beispielsweise brauchte 28 Jahre, um herauszufinden, dass ich alles, was ich einkaufe, auch esse. Banal? Vielleicht. Aber das in letzter Konsequenz zu begreifen, hat seine Zeit gebraucht. Denn Schokolade, Gummibärchen, Chipstüten und dergleichen neigen dazu, sich im Supermarkt vollkommen unschuldig zu verhalten. Als würden sie es gar nicht so meinen, als könnten sie jahrhundertelang gelagert werden, für alle Fälle, oder als seien sie rein zufällig hier. Und so liegen sie dann auch im Einkaufskorb, federleicht und voller guter Absichten.

Zu Hause angekommen, zeigen sie dann ihr wahres Gesicht: »Mach mich weg«, sagen sie, »iss mich endlich auf, ich will hier nicht länger sein.« Kennen keine Gnade, die Biester.

Am besten scheint es, diese kleinen, aber so mächtigen Versuchungen aus der Ferne zu betrachten. Denn Versuchung braucht räumliche Nähe, um zu wirken. Es ist erwiesen, dass von Süßigkeiten, die auf dem Tisch stehen, deutlich mehr genascht wird, als von solchen, die sich in einer Schublade befinden. Genauso verhält es sich mit den anderen üblichen Ablenkungen, ob Couch, Fernseher oder Internet. Räumliche Distanz zu schaffen, verspricht Erfolg beim Umgang mit profanen Verlockungen. Gerade weil es so schön sein kann, ihnen von Zeit zu Zeit doch genüsslich nachzugeben.

Aber was ist mit den Verlockungen, die nicht unseren Appetit oder unsere Faulheit ansprechen, sondern den Hunger der Seele? Oscar Wilde war der Ansicht, man solle den Versuchungen unbedingt nachgehen, da es nicht sicher sei, ob sie wiederkämen. Den Ruf der Schokolade zu ignorieren, kann uns stärken – dem Ruf der Sehnsucht nicht nachzugehen, könnten wir schlimmstenfalls ein Leben lang bereuen.

Dabei kommt es natürlich auf die Art der Versuchung an. Und den Preis, den wir für sie zahlen müssen. Manchmal kommt das Verlockende in Gestalt von Geld, Macht oder Einfluss, und es liegt an uns, zu entscheiden, ob und wie wir dabei unsere Werte und Grundsätze missachten. Doch oft ist das, was uns in Versuchung führt, etwas, das wir schon ahnen, aber nicht zugeben wollen. Versuchungen können uns an etwas erinnern, das wir verdrängt haben, das wir uns nicht eingestehen und nicht erlauben wollen. Eine Liebschaft anfangen, einen Job kündigen, um in ein anderes Land zu reisen, damit beginnen zu schreiben, zu malen oder zu fotografieren.

Wenn wir solchen Versuchungen folgen, verlassen wir meist den Bereich des Sicheren und Selbstverständlichen. Dafür erfahren wir mehr über uns selbst, manchmal Dinge, die uns weder gut tun noch förderlich sind. Dennoch steckt in ihnen allen eine Einladung, darüber nachzudenken, was für ein Mensch wir sind und was für einer wir sein möchten. Uns besser kennenzulernen, macht uns glücklich. Das beinhaltet auch, unseren weniger akzeptableren Wünschen gegenüber Toleranz aufzubringen. Denn wie können wir jemals wissen, ob es sich gelohnt hätte, wenn wir es nicht versuchten? Die Liebe, die Ferne, die Kunst?

Und wie auch immer es ausgeht – wir haben wieder ein wenig mehr über uns erfahren. Echte Versuchungen sind die Stimmen der Seele; manche hell, manche dunkel – aber immer des Zuhörens wert.

Augenblicke

Ich kann der Sinnlosigkeit ins Gesicht sehen und dennoch die Versprechen in den Sternen lesen.
DANDY IN DER UNTERWELT, SEBASTIAN HORSLEY

Eins, zwei, drei. Die Welt entsteht vor unseren Augen, vergeht, entsteht erneut, vergeht erneut. Gegenwart ist das, was sich in einem Zeitraum von ungefähr drei Sekunden in unserer Wahrnehmung abspielt. Diese drei Sekunden sind die Grundeinheit unserer neurophysiologischen Taktung. Vergangenheit und Zukunft sind vom Bewusstsein erzeugte Hilfskonstruktionen, ebenso wie der kontinuierliche Fluss der Zeit. Das Einzige, was wirklich existiert, sind diese drei Sekunden. Hier und jetzt. Und hier. Und jetzt.

Der Mensch ist ein geheimnisvolles Wesen. Denn natürlich existiert meine Vergangenheit. Also bitte, habe ich nicht gestern noch K. und O. getroffen, und trage ich nicht noch den Ausdruck ihrer Gesichter in mir, wie diesen Blick, den Letztere hatte, als sich das Gespräch kurz auf A. richtete? Oder meine Freude, als N. zufällig vorbeikam und von seiner Reise im nächsten Monat erzählte? Ein Moment nach dem anderen, auf eine mir undurchsichtige Weise in meiner Erinnerung aneinandergereiht: mein Leben.

Wir werden niemals mehr als diesen Augenblick haben, und diesen, und diesen. In der Gegenwart zu leben, ist die beste Glückstrategie von allen. In jeder Sekunde entfaltet sich die Welt vor unseren Augen, jeder Moment ist einzigartig, unwiederbringlich, kostbar. Aber manche Momente sind erfüllender als andere. Und die gilt es zu suchen, zu finden und zu hüten. Nur wie?

Der Mensch ist ein »geworfener Entwurf«, sagt der Philosoph Martin Heidegger. Geworfenheit beschreibt die Momente unserer Unfreiheit, während der Gedanke des Entwurfs die Offenheit unserer Zukunft illustriert. Und damit auch unsere Verantwortung für sie. Denn obwohl wir alle in Verhältnisse und Verpflichtungen eingespannt sind, sind wir frei, innerhalb dieser Einrahmungen auf die Jagd nach jenen Momenten zu gehen, die unserem Leben Tiefe und Schönheit verleihen.

Es sind wirklich nur Momente. Wir erinnern uns nicht an Tage, Monate oder Jahre, sondern an besondere Augenblicke. Wenn ich an eine Zeit zurückdenke, die besonders glücklich war, taucht irgendwann ein bedeutungsvolles Bild auf, sein Inhalt nur ein Augenblick, ewig bewahrt.

Ich stehe nachts allein in der Wüste, es ist unsagbar still, die Sterne hüllen mich in ihr sanftes Leuchten, vor mir liegt eine riesige Ebene, ein staubiges Weiß. Ich steige aus einem Bus und blicke in das Gesicht des Geliebten, der mich erwartet; die Farbe seines Hemdes, ein verwaschenes Grünblau. Ich lese ein gewisses Buch, die Worte scheinen direkt an mich gerichtet, ich fühle mich verstanden und weiß in diesem Augenblick: Ich bin nicht allein.

Unsere Identität wird durch diese Bilder bestimmt; Bilder, die nur uns gehören und die wir uns wieder und wieder ins Gedächtnis rufen können. Hierin liegt eine Möglichkeit der Freiheit, eine Chance des Selbstentwurfs, nicht nur angesichts unserer Endlichkeit, sondern schon zu Lebzeiten: Woran will ich mich immer erinnern? Welche Momente will ich fortan in meiner inneren Schatztruhe haben, um mich meiner zu vergewissern? Und wie kann ich sie wirklich erleben?

Dabei geht es aber nicht nur um das, was wir selbst inszenieren können. Sondern ebenso um das, was uns zustößt. Oft ist es sogar so, dass wir uns an unseren Grenzen erst wirklich erkennen, in unseren Niederlagen, unserem Schmerz und unserer Verzweiflung. Den Mut zu besitzen, sich diesen Dingen auszusetzen, solche Augenblicke zuzulassen, sich ihrer ganz bewusst zu werden, macht ein wahrhaft gelebtes Leben aus. Das sind die beiden Seiten der Gegenwart – Geworfenheit und Entwurf, Ertragen und Gestalten. Denn auch wenn wir auf das, was geschieht, oft keinen Einfluss nehmen können, liegt es an uns, wie wir damit umgehen und welche Bedeutung wir ihm dadurch geben. Unsere Entscheidungen in der Gegenwart formen unsere Zukunft und erzeugen zugleich die Erinnerungen, auf die wir uns beziehen werden, um zu sagen: Das bin ich.

Das Hier und Jetzt ist also einer unserer wichtigsten Verbündeten auf der Suche nach Glück. Und wir: Jägerinnen des geborgenen Schatzes, Sammler einzigartiger Augenblicke und Besitzer herrlichster Subjektivitäten. Leider auch: Sklaven der Notwendigkeit, Virtuosinnen des allgemeinen und besonderen Scheiterns, bedeutungslose Bewohner einer zufälligen Welt. Aber wie das so ist mit der Freiheit: Man muss nehmen, was man kriegen kann. Und eins, und zwei, und drei.

Fotos

Mein »Ich« ist's, das nie mit seinem Bild
übereinstimmt.

DIE HELLE KAMMER, ROLAND BARTHES

Was können wir wissen? Gewiss ist nur, dass wir sterben müssen. Gewissheit jedoch geben uns viele Dinge. Mich stärken warme Sonne auf der Haut, der Geruch von frischgeschlagenem Holz, der Geschmack von Aprikosen. Solche sinnlichen Gewissheiten versöhnen uns für einen Moment mit allem, was ist. Unsere Fähigkeit, die Welt zu genießen, lässt sie bewohnbar erscheinen. Das ist das eine Glück: Komme, was da wolle, wenn es diese Dinge gibt, kann ich die Ungewissheit des Lebens ertragen.

Und es gibt das andere Glück: geliebte Menschen. Wenig gibt uns mehr Gewissheit als eine feste Umarmung, ein liebevolles Lächeln, ein Blick, der einen wirklich sieht. Obwohl wir allein geboren werden und allein sterben müssen, haben wir dazwischen einander. Und diese Bindungen müssen genährt und gepflegt werden, damit sie verbindlich bleiben. Indem man zuhört. Anteil nimmt. Immer wieder neue gemeinsame Erfahrungen ermöglicht. Und mit Liebesworten. Es tut aber nicht nur gut, dem anderen zu sagen, was er oder sie einem bedeutet, sondern es ist auch schön, sich der Anwesenheit des anderen im eigenen Leben bewusst zu werden: Das ist die Tasche, die O. mir geschenkt hat, das ist die Geste, die ich mir angewöhnt habe, weil sie mich mit C. verbindet. Wir hinterlassen Spuren aneinander, sichtbare und unsichtbare.

Eine andere Form der Anwesenheit ist das Foto, ein papierenes Stückchen Dauer, dem stetigen Fließen der Zeit entrissen. So ist es gewesen, sagt das Bild, so war ich, so warst du. Mittlerweile haben wir unsere Archive jedoch meistens online und jeder Social-Media-Account ist ein kleines Museum von allem, was einem wichtig erscheint. Dabei kreist die digitale Selbstdarstellung hauptsächlich um dieses Selbst, weshalb das Selfie ihr beliebtestes Format ist – das, was uns guttut, sind aber keine Selbstportraits, sondern Fotos von Menschen, die uns etwas bedeuten.

Ich erinnere mich an den herablassenden Spott, den ich früher beim Anblick großer Fotowände oder -collagen empfand. Dieses idiotische Gelächle, diese bemühten Posen und überhell ausgeleuchteten Gesichter. Die Arrangements von silber- oder holzgerahmten Bildern auf Nachttischen oder Kaminsimsen. Nein, nein, schlimmster Kitschverdacht. Bloß keine Gefühle zeigen, keine Verbindlichkeit. Typische Teenagerkrankheit. Ich wusste es einfach nicht besser.

Denn in Wahrheit machen uns Fotos unserer Lieben glücklich, wie viele Untersuchungen ergeben haben. Kinderfotos, Reisefotos, Gruppenfotos helfen uns, das anzunehmen, was wir anzunehmen haben: uns selbst, unsere Geschichte und unsere Beziehungen. Nachdem ich das gelesen hatte, beschloss ich, meine Wohnung endlich auch mit Fotos meiner Liebsten zu versehen. Zunächst ging es um die Auswahl: Kinderbilder oder was Aktuelles? Bilder mit den Geschwistern oder von den Eltern, als sie noch jung waren? Alte Freundinnen und Freunde oder neue?

Von allem ein bisschen, entschied ich. Einige alte Bilder

fand ich in Papierform, andere in meinem digitalen Archiv und ließ sie endlich ausdrucken. Dann informierte ich meine Freunde über meinen Vorsatz: »Wisst ihr, die Glücksforschung sagt, dass es guttut, Fotos von seinen Lieben aufzuhängen, bitte, stellt euch mal dahin. Bitte nicht lächeln.« Klick.

Auf Flohmärkten und bei Ebay suchte ich nach alten Bilderrahmen. Nun ist mein Bücherregal voll mit gerahmten Fotos und über meinem Schreibtisch hängen meine liebsten Freunde und Familienmitglieder, selbst fotografiert. Immer, wenn mein Blick auf eines der Bilder fällt, ist ein zärtliches Glück in mir – wie schön, dass wir einander haben!

Lebensziele

Ich habe alles gehabt, was ich wollte,
aber nie so, wie ich es wollte.

JEAN-PAUL SARTRE

Vor einigen Jahren lief ich durch die Straßen von Quito vorbei an kleinen Kiosken, Cafés, in denen Müsli und Toast an Touristen verkauft wurde, und räudigen Suppenküchen, aus denen es unangenehm roch. Ich war enttäuscht. Das sollte Südamerika sein, das farbige, grandiose Südamerika? Diese hässlichen Gebäude, kümmerlichen Gassen und billigen Buden? Das hatte ich mir ganz anders vorgestellt.

Auf Reisen lernt man schnell, möglichst wenig zu erwarten. Die Orte sind immer kleiner, staubiger und realer, als die Fantasie sie zeichnet. Und oft geben sie ihren Zauber erst auf den zweiten oder dritten Blick preis. Auch ich fand schließlich, wonach ich suchte: tiefe Schluchten, dichte Urwälder und Menschen, an die ich immer noch denke.

Wir alle haben Erwartungen, und die wenigsten betreffen die Geographie eines weit entfernten Landes. Nein, sie betreffen uns selbst, unser Leben und unsere Vorstellung von dem, was uns darin zusteht. Natürlich gibt es Dinge, auf die jeder von uns theoretisch ein Recht hat, auch wenn viele Menschen sie immer noch nicht bekommen: genug zu essen, einen Schlafplatz, Sicherheit. Die Möglichkeit von Bildung, Anerkennung, Selbstverwirklichung.

Aber einige Erwartungen – manchmal geheime, unausgesprochene – drehen sich um den Beifall und das Glück, die uns gebühren, einfach weil wir da sind und so sind, wie wir sind. Idealerweise sind einem die eigenen Eltern auf diese Weise begegnet, als man ein Kind war. Doch das Universum schweigt. Und schweigt und schweigt, in alle Ewigkeit. Zeit, erwachsen zu werden.

Unzufriedenheit ist beschreibbar als Differenz von Erwartetem minus Erreichtem. Je kleiner das Erreichte, aber vor allem je größer die Erwartung, desto defizitärer das Ergebnis. Und desto wahrscheinlicher die Unzufriedenheit. Ein Gefühl von Frustration hingegen verdankt sich oft einem Missverhältnis von Erwartung und Aufwand. Beidem gemein ist, dass hohe Erwartungen meist negative Erfahrungen nach sich ziehen. Aber was tun? Gar nichts mehr erwarten, alles annehmen, was kommt?

Es ist ratsam, die eigene Vorstellungskraft bewusst zu zügeln. Um nicht vor lauter Verblendung unglücklich zu werden, muss ich mir immer wieder das Ausmaß meiner kindischen Wünsche vor Augen führen. Nur so kann ich dafür sorgen, dass sie mir nicht den Blick auf das verstellen, was ich habe und woran ich mich freuen sollte. Aber wer glücklich sein will, sollte nicht nur die innere Unersättlichkeit freundlich am Riemen reißen, sondern vor allem damit beginnen, diffuse Erwartungen in konkrete Lebensziele zu verwandeln. Um herauszufinden, welche Ziele das sein könnten, muss die Seele gründlich befragt werden: Was finde ich sinnvoll? Worauf bin ich neidisch? Was würde ich wirklich bereuen, nicht getan, gelernt, gemacht zu haben?

Lebensziele sind das, was wir von uns selbst erwarten, wenn wir uns auf den Weg machen, der Mensch zu werden, der wir sein wollen. Und sollten. Denn je mehr sie mit unseren wahren Wünschen übereinstimmen, desto motivierter sind wir, sie zu verwirklichen. Dabei sollten wir Zweifel zulassen und mögliche Hindernisse bedenken. Es ist ja nie so, wie wir uns das vorstellen. Wir sind nie so, wie wir uns das vorstellen. Gerade deshalb sollten wir nicht den Überblick verlieren – und niemals den Humor.

Menschsein ist ein Selbstgespräch mit ungewissem Ausgang und vielen widersprüchlichen Stimmen. Es ist schon eine Riesenleistung, eine einigermaßen kohärente Antwort auf die Frage nach dem eigenen Lebensziel zu formulieren. Dichterin werden? Mutter sein? Endlich Autofahren lernen?

Das, wonach wir unser Leben schließlich ausrichten, sollte authentisch sein und angemessen, unseren Talenten und Fähigkeiten entsprechen und sie zum Glänzen bringen. Dafür sollten wir uns unsere Lebensziele ganz zu eigen machen und sie mit Stolz und Freude verfolgen. Schritt für Schritt, auch wenn es viele Jahre dauert.

Doch beim Lebensziel geht es nicht nur darum, irgendwo anzukommen, sondern ebenso darum, bei sich zu bleiben. Und das kann in jedem Lebensalter etwas anderes bedeuten. Dazu schreibt Aristoteles in der Nikomachischen Ethik: »Glückseligkeit ist das Tätigsein der Seele ihrem wahren Wesen nach in einem vollen Menschenleben.« Sich in jeder Phase des eigenen Lebens zu bemühen, das zu tun, was man wirklich will, war für den antiken Philosophen das größtmögliche Glück. Dieser wahre Wille ist eine innere Schwerkraft, die in jedem Augenblick unsere Entscheidungen leiten kann und dabei dem Menschen, als der wir gemeint sind, Gestalt verleiht. Dieser Mensch passt in die Welt; er oder sie ist genau das, was ihr gefehlt hat.

Die Überzeugung, dass jeder Mensch der Welt etwas Brauchbares, Schönes und Unersetzliches zu geben hat, scheint es mir wert, geglaubt und verteidigt zu werden. Lädt sie uns doch zugleich dazu ein, immer wieder darüber nachzudenken, was das wahre Wesen unserer eigenen Seele ist und wie wir diesem Wesen gerecht werden können. Und damit auch einander.

Kränkungsprävention

Ich weiß nicht, wie es den anderen ergeht,
aber wenn ich mich morgens bücke und mir
die Schuhe anziehe,
denke ich jedes Mal: Großer Gott, was nun?
CHARLES BUKOWSKI

C. hat wieder mal nicht zurückgerufen. O. hat meinen Geburtstag vergessen und auch keine Nachricht geschrieben. S. hat einen bösen Witz über mich gemacht. Eine Kränkung nach der anderen. Schön ist das nicht.

Eine Seite des Strebens nach Glück besteht darin, gute Gefühle anzuziehen, zu pflegen und zu bewahren. Die andere Seite betrifft den Umgang mit negativen Emotionen, den vermeidbaren und den unvermeidbaren. Auch hier gilt es, so gut es geht, zu unterscheiden: Ist mir das absichtlich zugefügt worden oder zufällig passiert? Habe ich diese Situation selbst verschuldet, oder war es einfach Pech? Manchmal ist es unmöglich herauszufinden, warum etwas geschehen ist. Doch alles, was wir beeinflussen können, birgt die Möglichkeit, Kränkungsprävention zu betreiben.

Leider hat die Abwesenheit negativer Emotionen keinen direkten positiven Effekt – ich fühle mich nicht automatisch gut, wenn ich mich nicht mehr schlecht fühle. Stattdessen stellt sich die Grundstimmung wieder ein, die je nach Mensch eher optimistisch, eher neutral oder eher pessimistisch ist. Und von unserer eigenen Gemütsverfassung aus fällt es uns leichter, die scheuen guten Gefühle anzulocken und sich ihnen zu widmen.

Beim Umgang mit negativen Gefühlen geht es also nicht darum, positive Gefühle zu stärken, sondern verlorene Stunden voller Verletztheit, Gejammer oder Gekränktheit nach Möglichkeit zu vermeiden. Dabei hilft es anzunehmen, was wir nicht mehr ändern können, und zugleich dafür zu sorgen, dass wir in Zukunft so wenig wie möglich verletzt werden. Denn das liegt, anders als unsere Grundstimmung, die genetisch veranlagt zu sein scheint, durchaus in unserer eigenen Hand.

Nehmen wir meine Freundin O. Wir kennen uns schon seit vielen Jahren und sind durch tausend Erinnerungen miteinander verbunden. Leider ist sie unpünktlich und in einigen Dingen unzuverlässig. Was habe ich deswegen schon gelitten und mich gekränkt gefühlt; viele Jahre lang nahm ich jeden einzelnen Verstoß gegen die Regeln der Höflichkeit persönlich.

Mittlerweile weiß ich, dass sie mich gar nicht meint. Ihre Unfähigkeit, sich zu organisieren, macht ihr auch anderswo zu schaffen. Doch vor allem ist ihr Verhalten nicht mein Problem. Besonders nicht, wenn ich es kenne und sogar vorhersagen kann. Ich habe also gelernt, Zeitpolster einzubauen und lieber öfter selbst anzurufen, als mich über ihre ausbleibenden Telefonate zu ärgern. Zudem ist es mir durch eindeutige Hinweise gelungen, dafür zu sorgen, dass gewisse absehbare Kränkungen nicht mehr erfolgen, was es mir einfacher macht, die oft sehr schöne und lustige Zeit, die wir miteinander verbringen, ohne inneren Groll zu genießen.

Kränkungsprävention hat viele Facetten. Wichtig ist, sich nicht vom Vorhersehbaren überraschen zu lassen. Das betrifft auch den Umgang mit sozialen Medien, die nicht nur süchtig machen, sondern auch eifersüchtig. Das anzuerkennen, hilft mir, die dort unweigerlich auftretenden negativen Gefühle nicht auf mich selbst zu beziehen – und die Zeit zu minimieren, die ich mit ihnen verbringe. An den guten Tagen. Zu wissen, woran man ist, hilft aber nicht nur im Internet, sondern auch im Umgang mit Menschen. Natürlich wird jemand, von dem wir das schon kennen, wieder einmal unpünktlich oder vergesslich oder spitzzüngig sein. Es kostet uns weit mehr Energie, immer wieder aufs Neue davon überrascht zu werden, als es einfach als Charakterzug des anderen hinzunehmen. Wobei wir uns natürlich alle ändern können.

Weiterhin geht es dann darum, Kränkungssituationen zu vermeiden. Eine mindestens zweimalige Ankündigung persönlich wichtiger Ereignisse hilft unserer Umwelt, das nicht zu vergessen, was sie nicht vergessen darf, ob Geburtstage, Erfolge oder andere Dinge, die uns wichtig sind. Denn eigentlich ist nur derjenige gemein, der an einem Ehrentag, dessen Termin bloß auf zarteste Weise erwähnt wurde, zu Hause sitzt und seinen Groll mit jedem ausbleibenden Anruf berechtigt sieht. Wenn wir den anderen also die Möglichkeit nehmen, uns zu kränken, werden sie uns dankbar sein. Die wenigsten von uns würden einem Mitmenschen, ganz zu schweigen von einem Freund oder Familienmitglied, absichtlich wehtun. Durch geschickte Vorsorge können wir einander helfen, unnötige Wunden zu vermeiden.

Die größte Kunst besteht jedoch darin, die eigenen Erwartungen zu ändern, nicht die anderen Menschen. Das tut der Liebe keinen Abbruch, vermindert aber Empörung und Hilflosigkeit. Und vielleicht gelingt es uns, irgendwann die kostbarste Eigenschaft von allen zu kultivieren: Gelassenheit.

Random Acts of Kindness

Es ist derjenige kein guter Mensch,
der keine Freude an edlen Handlungen hat.
NIKOMACHISCHE ETHIK, ARISTOTELES

Die Welt ist, wie sie ist, doch wahr ist auch: Gutes tun tut gut. Jede Liebestat macht uns selbst glücklicher. Es gibt keinen besseren Weg, sich von negativen Gedanken oder existenziellem Unbehagen abzulenken, als einem anderen Menschen eine Freude zu machen. Oder etwas zum Gemeinwohl beizutragen.

Gute Taten sind ein Glücksgarant, am besten jeden Tag eine. Im Englischen spricht man auch von *Random Acts of Kindness,* zufälligen Akten der Freundlichkeit. Dabei geht es nicht nur um das gute, sondern ebenso um das selbst- und zwecklose Handeln. Denn schon die Erfüllung eines täglichen Kontingents kann merkwürdige Folgen haben, etwa wenn Pfadfinder einer unwilligen alten Frau über die Straße helfen, nur weil sie ihr Pensum noch offen haben.

Was zählt, ist unsere Intention. »Die Absichten sind den Taten eingeschrieben wie ein Wasserzeichen«, sagt Aristoteles. Heutzutage werden die wenigsten ans Jenseits denken, wenn sie jemandem einen Gefallen tun, aushelfen oder Geld schenken, aber auf irgendeine Form von Belohnung wird immer noch gerne spekuliert. Anstatt aufs Himmelskonto einzuzahlen, erhöht man einfach sein karmisches

Guthaben. Das ist nicht zwangsläufig schlecht, nur nicht absichtslos oder gütig. Genauso verhält es sich, wenn wir nur deshalb Gutes tun, weil wir wissen, dass wir uns danach selbst gut fühlen. Doch eigennützige Absichten hin oder her – am Ende zählt, dass überhaupt etwas getan, dass Geld gespendet oder Hilfe geleistet wurde.

Die edelste Form einer guten Tat ist dennoch die, die wir um ihrer selbst willen oder für andere ausführen. Aristoteles schreibt, dass die Belohnung des Guten im Guten selbst liegt und nichts außerhalb dessen bedarf. Alles Gute, was wir ohne Absicht, ohne Vorteil und ohne Publikum tun, trägt seinen Lohn in sich.

Was ist demnach eine gute Tat? Jemandem zuhören. Jemandem Zeit schenken. Ein aufrichtiges Kompliment machen. Jemandem seine Schulden erlassen und wirklich nie wieder daran denken. Jemandem verzeihen. Etwas, das einem gehört und das ein anderer bewundert, verschenken. Jemanden trösten. Mal den Hausflur fegen. Mit jemandem zu einem unangenehmen Termin gehen. Hilfe anbieten, bevor sie erbeten wird. Loben. Auf Kinder aufpassen. Jemandem einen Wunsch erfüllen.

Das ist nur eine kleine Auswahl an Vorschlägen. Amerikaner lassen gerne Geld liegen, kleine Beträge, die entweder in Süßigkeitenautomaten oder direkt auf der Straße deponiert werden. Andere empfehlen, Blumen an hässlichen öffentlichen Plätzen zu pflanzen, eilige Kunden im Supermarkt vorzulassen oder im Restaurant großzügig Trinkgeld zu geben. Auch online kann man Gutes tun: Unbekannten respektvolle Komplimente machen, jemanden bei einer Diskussion unterstützen oder die eigene Reichweite nutzen, um anderen den Rücken zu stärken.

Und man kann sich um alles kümmern, was mit uns

ist. Streunende Tiere versorgen, im Winter Vogelfutterbälle aufhängen oder Blumen pflanzen, die gut für Bienen sind. Es ist außerdem ein Akt der Freundlichkeit, kleinen und größeren Tieren beim Überqueren von Straßen zu helfen, verlorene Schnecken auf einem Blatt wieder ins Grüne zu befördern oder sich die Mühe zu machen, eine nervige Stubenfliege hinauszukomplimentieren. Auch die Natur selbst kann das Objekt guter Taten sein – ob man im Frühling Müll aus einem flachen Teich fischt, im Sommer trockene Straßenbäume gießt oder ihre Wurzeln im Herbst von Laub befreit.

Mit uns sind aber nicht nur die Natur und die Tiere, sondern auch die Dinge, und sie verdienen unsere Freundlichkeit und unsere Fürsorge ebenso. Ob man etwas aufhebt, das heruntergefallen ist, etwas zurückbringt, das verloren gegangen ist, oder etwas repariert oder restauriert, anstatt es durch etwas Neues zu ersetzen.

Alles, worum wir uns kümmern, wird vertraut. Durch jeden Akt der Freundlichkeit eignen wir uns die Welt an und fühlen uns ein wenig mehr in ihr zu Hause. Dabei geht es nicht um konkrete Handlungsanweisungen. Es geht vielmehr darum, achtsam und aufmerksam zu sein. Denn die besten Gelegenheiten, Gutes zu tun, finden sich nicht auf Listen, sondern vor unseren Augen.

Verzicht

Man verliert nicht immer, wenn man entbehrt.

WILHELM MEISTERS LEHRJAHRE,
JOHANN WOLFGANG VON GOETHE

Ich bekomme eine Mail von meinem liebsten Schmuckverkäufer, es gibt Rabatt. Ich lösche sie. In der Bahn wird mir ein leicht salziger Butterkeks angeboten. Ich lehne ab. Bei einem Abendessen gibt es Rotwein, den ich sehr mag. Ich bleibe bei einem Glas.

Habe ich jetzt schon verzichtet? Sind so kleine Ablehnungen überhaupt der Rede wert, sowohl für mich als auch für das Ganze? Habe ich nicht neulich einen Flug gebucht, im Supermarkt in Plastik eingepacktes Gemüse gekauft und neue Turnschuhe online bestellt? Heißt Verzicht nicht auch Konsequenz? Und warum sollen wir überhaupt verzichten?

Wir sollen verzichten, um bewusster zu leben, sagen die Weisen. »Verzichte und genieße«, steht in den indischen *Upanischaden,* den spirituellen Schriften des Hinduismus. Aber wie soll das gehen, gleichzeitig Nein und Ja zu sagen? Gut, Nein zum Schmuck ist Ja zu meinem Bankkonto, und Nein zum Wein ist Ja zum Morgen. Aber macht das glücklich? Die Antwort ist erfahrungsgemäß Ja. Bewusste Selbstbeschränkung ist unabdingbar dafür, überhaupt ein Selbst zu haben. Die Grenzen, die ich mir setze, geben meinem Ich eine Kontur und damit auch eine Gestalt.

Aber was ist mit dem Verzicht, der angesichts der fatalen ökologischen Folgen unserer Lebensweise immer unabwendbarer scheint? Der mich und uns alle auffordert, weniger zu fliegen, zu konsumieren und zu verbrauchen? Wie kann ich Ja zur Erde sagen, wenn ich dabei meine eigenen Bedürfnisse negieren muss?

Mir hat es geholfen, anzuerkennen, dass sich umweltbewusster Verzicht nicht automatisch gut anfühlt, nicht so, wie wenn ich mich für mich selbst beherrsche oder mäßige. Ich fühle mich nicht als Klimaheldin, wenn ich einen Flug vermeide oder unverpacktes Gemüse auf dem Wochenmarkt einkaufe, sondern bestenfalls normal, schlimmstenfalls ist es mir lästig.

Von dem umfassenden Verzicht, den die Lage unserer Erde von uns erwartet, kann man wohl nicht auch noch gute Gefühle verlangen, obwohl es vielleicht eine gewisse Selbstgefälligkeit geben könnte, die sich irgendwann einstellt, wenn man wieder Energie gespart oder Altes repariert hat. Letzteres ist zwar kein direkter Verzicht, aber es fühlt sich gut an, wahrscheinlich weil wir die Liebe und Wertschätzung, die wir unseren Dingen widmen, indirekt uns selbst widmen.

Davon fühle ich nichts, wenn ich mich bemühe, klimabewusst zu handeln. Und doch ist dieser oft einsame Verzicht in all seinen Facetten – und seiner Inkonsequenz – nötig, um ein Gefühl für die eigene Macht und Ohnmacht zu bekommen. K. erzählte mir, sie habe ein Jahr lang so klimabewusst wie möglich gelebt – keine Flüge, wenig Heizen, kaum Verpackungen – und trotzdem dreieinhalb Tonnen CO_2 verbraucht. Deprimierend. Vielleicht ist das auch der Grund, warum sich diese Art von Verzicht so schal anfühlt: Weil wir das, was zu tun ist, nicht alleine tun können, gerät unsere Selbstwirksamkeit schnell an eine natürliche Grenze.

Kollektive Probleme wie eine auf Plastik beruhende Lebensmittelverpackungskultur, Energie aus fossilen Brennstoffen oder eine auf Individualverkehr ausgerichtete Infrastruktur lassen sich nur kollektiv lösen. Wobei die Lösung nicht allein im Verzicht liegen kann, sondern ebenso in neuen Ansätzen gefunden werden muss – ob neuartige Formen der Energiegewinnung oder vollständig recycelbare Materialien zum Bauen oder Verpacken.

Dieser Notwendigkeit demokratischer Selbstregulation steht dennoch das Bemühen gegenüber, sich das eigene Klimahandeln wenigstens bewusst zu machen. Denn obwohl es sich oft nicht besonders gut anfühlt, ist es sinnvoll, weil es uns nicht nur miteinander, sondern auch mit einem größeren Ganzen verbindet: mit der Erde und der gemeinsamen Sorge um unser Hiersein.

Und so sagen wir vielleicht doch Ja zu uns, wenn wir Nein zu uns sagen. Vor allem, wenn wir den Verzicht richtig genießen: mit den Liebsten, mit der Zeit, die dadurch frei wird, mit der bewussteren Freude, die man zu empfinden beginnt, wenn man nicht mehr ständig konsumiert. Weil es doch auf jeden einzelnen Butterkeks ankommt. Genauso wie auf jeden und jede Einzelne von uns.

Besitz

Reich ist man nicht durch das, was man besitzt,
sondern mehr noch durch das, was man mit Würde
zu entbehren weiß.

EPIKUR

Im Deutschunterricht haben wir einmal das Gedicht *Inventur* von Günter Eich besprochen. Es beginnt mit dem Vers: »Dies ist meine Mütze / dies ist mein Mantel / hier mein Rasierzeug / im Beutel aus Leinen.« So geht das weiter, der Soldat hat noch einen Nagel und wollenes Zeug und eine Tasse mit eingeritztem Namen. Ein typisches Schulgedicht, leicht einzuordnen, 1948, Kriegsgefangenschaft, Trümmerliteratur.

Jeder westliche Mensch besitzt mittlerweile um die 10 000 Gegenstände. Die Besitztümer dieses Eich'schen Soldaten, an den ich immer denken muss, wenn ich an Habseligkeiten denke, würde ungefähr ein Fünfzigstel meiner Schreibtischschublade ausmachen. Der oberen, von vier. Wann hat das angefangen, dieses Horten? Gab es in der Antike schon Messis? Besitzen wir die Dinge, oder besitzen sie uns?

Gerade die letzte Frage beunruhigt mich. Dinge sind auf eine unheimliche Weise unsterblich und vieles von dem, was ich mein Eigen nenne, wird mich überdauern. Unsere Dinge haben ein eigenes Leben, eine eigene Existenz in der Zeit. Und dadurch fast so etwas wie eine Seele, eine unhörbare Stimme. Das mit der Unhörbarkeit ist auch gut so, denn wo sich der Eich'sche Soldat noch vom Lied seiner Habselig-keiten begleitet fühlte, gäbe es in meiner Wohnung eine kaum aushaltbare Kakophonie. Alte Eintrittskarten, Schlüsselanhänger, Fotos, Kleider, Magazine, alte Post, Werkzeug, Geschirr, Postkarten, elektrische Geräte, Decken, Sonnenbrillen, Ordner, Bücher, CDs, Hefte, Souvenirs, Münzen, Handtücher, Bettwäsche, Schmuck, Schuhe. Und vieles mehr. Zeug, Zeug, Zeug.

Das mit den Besitzverhältnissen ist dabei nicht ganz klar. Einerseits sind meine Dinge eine Ausweitung meiner Selbstsphäre, andererseits ihre Beschränkung. Die Vorstellung eines Umzugs ist mir ein Graus, auch bei längeren Reisen haben die Dinge ein Wörtchen mitzureden: Wer hütet uns? Wer passt auf uns auf? Du kannst deine Wohnung doch nicht einfach so vermieten, wir können doch nicht vor fremden Augen ...

Glück hat viel mit unserem Verhältnis zu unserem Besitz zu tun. Unsere Dinge können uns stärken, aber auch erdrücken. Letzteres führt paradoxerweise oft dazu, dass wir noch mehr Dinge kaufen, um uns wieder authentischer und gemütlicher zu fühlen. Ein Teufelskreis.

Ein bewusster und weniger konsumorientierter Umgang mit den eigenen Habseligkeiten beginnt deshalb damit, sich ihrer Fülle bewusst zu werden. Wenn man sich einen ersten Überblick verschafft hat, gibt es mehrere Möglichkeiten: Einiges kann verschenkt, anderes kann verwandelt werden. Es hat mich einmal sehr beglückt, eine alte Kommode eigenhändig aufzumöbeln. Aber manches muss auch gehen. Ausmisten gehört zu den befriedigendsten Tätigkeiten des modernen Menschen. Und zu den beängstigendsten. Selten steht man seinem Unbewussten so direkt gegenüber wie im Kontakt mit alten Kisten und vergessenen Kleidersäcken.

Das Gedächtnis der Dinge ist unerbittlich. Gerade deshalb ist es so wichtig, sie von Zeit zu Zeit in die Hand zu nehmen und auszusortieren. Nur wie gelingt das?

Die japanische Aufräumexpertin Marie Kondo schlägt vor, sich nicht auf das zu konzentrieren, was wegsoll, sondern auf das, was bleiben darf. Man räumt also beispielsweise den ganzen Kleiderschrank aus, wirft alles auf einen Haufen und hängt nur Dinge zurück, die einem wirklich Freude machen. Der Rest ist bereit für ein neues Zuhause.

Man kann sich beim Ausmisten aber auch darauf konzentrieren, was gehen soll. Hier empfiehlt es sich beispielsweise, jeden Tag oder jede Woche fünf Gegenstände aus der Wohnung zu entfernen. Irgendwas. Jede Kleinigkeit zählt.

Beide Prinzipien haben ihre Vor- und Nachteile. Und für jeden und jede von uns wohl auch bevorzugte Anwendungsgebiete. Meinen Kleiderschrank mit der Methode von Marie Kondo aufzuräumen, war eine kathartische Erfahrung. Bei meinen Schreibtischschubladen empfinde ich hingegen größere Freude, wenn ich Dinge wegtue. Gewiss ist nur, dass jede nutzlose DVD, jede seit Jahren ungetragene Bluse, jede zweifelhafte Lampe – einfach alles, was an Kompromissen, Halbheiten und hässlichen Sentimentalitäten aus dem persönlichen Besitz verschwindet, uns leichter und beschwingter zurücklässt.

Die Frage ist nur: Wohin damit? Wir ehren unsere Dinge am besten, wenn wir uns ein letztes Mal um ihr Schicksal Gedanken machen. Wir können sie z. B. irgendwo verkaufen. Doch schon beim Gedanken daran befällt einen oft eine entsetzliche Trägheit, und der Krempel bleibt wieder liegen. Außerdem ist es schöner, Erinnerungen zu verschenken. Ein paar meiner alten Kleider haben, auf dem Fensterbrett im Hausflur liegend, einen neuen Besitzer gefunden. Und ich dort einige Zeit später eine neue blaue Sporttasche. Vieles kann in Wohltätigkeitseinrichtungen abgegeben werden. Manches wandert vielleicht auch in die Altkleidersammlung. Bücher liegen gut auf Bänken und an Straßenecken, und für den Rest stehen die großen Müllcontainer auf dem Hof bereit. Doch Wegwerfen ist nur eine Notlösung. Dinge sind gern nützlich. Ebenso wie wir.

Unglück

Dieses Leben scheint unerträglich,
ein anderes unerreichbar.

FRANZ KAFKA

Im Spanischen gibt es zwei Formen des Wortes »sein«: *ser* und *estar*. Während *ser* bleibende Charakteristika wie Größe, Herkunft, Alter bezeichnet, bezieht sich *estar* auf alle veränderlichen Eigenschaften und Zustände.

Nur Toren benutzen das Wort *ser* in Zusammenhang mit Glück, erklärte mir eine Spanierin. Glück ist kein Dauerzustand, sondern ein Gefühl, das kommt und geht. Doch auch wenn wir allen Grund haben, zufrieden und dankbar zu sein, fällt es uns oft schwer, uns an dem zu freuen, was wir haben. Unruhe ist des Menschen Los und Unzufriedenheit sein Antrieb. So funktionieren wir, so funktioniert unser Gehirn, durch das sich die guten Emotionen mit hoher Geschwindigkeit bewegen, während alles Negative sich erst einmal niederlässt, um in Ruhe zu picknicken.

Aber wie wäre eine Welt, in der alle ständig glücklich wären? Wahrscheinlich ziemlich unmenschlich. Ganz nah dran an Aldous Huxleys *Schöner neuer Welt*, die nur Platz für die Fröhlichen, Sportlichen und sexuell Aktiven bietet. Sein dystopischer Roman beschreibt eine verlogene und künstliche Gesellschaft, der fehlt, was uns Menschen ausmacht: eine Seele. Und die Möglichkeit, Verantwortung für das eigene

Leben zu übernehmen. Denn wir können oft wenig dafür, was uns zustößt, aber es liegt an uns, wie wir auf das, was uns widerfährt, antworten.

Vor allem aber deutet nichts darauf hin, dass Glückseligkeit des Menschen vorbestimmtes Los ist, geschweige denn, dass sie ihm unverdient in den Schoß fällt. Bei Aristoteles war Glückseligkeit ein dem eigenen Wesen gemäßes Tätigsein, über das ganze Leben hinweg. Konfuzius weist darauf hin, dass Lernen ein beständiges Schwimmen gegen den Strom ist. Und Baltasar Gracián hat uns daran erinnert, dass Bemühungen dem Glücke nachhelfen können. Mit anderen Worten: Glück ist kein Zufall, sondern harte und vor allem unermüdliche Arbeit. Zumal unsere Lage nicht besonders rosig ist.

Nicht nur, weil wir sterben müssen, und alles, woran unser Herz hängt, vom Verfall bedroht ist. Sondern auch, da es selbst in sehr privilegierten Umständen nicht leicht ist, ein Mensch zu sein. Wir sind paradoxe Geschöpfe, aufgespannt zwischen Erde und Himmel, der Endlichkeit des Körpers und der Ewigkeit der Gedanken. Wir sind allein und nicht allein, die Welt ist auf eine erschreckende Weise sinnlos, und doch gibt es Schönheit, Wahrheit und Dinge, die unser Herz bewegen. Wir sehnen uns nach Beständigkeit und sind doch immerwährendem Wandel unterworfen. Alles, was wir festhalten wollen, zerrinnt irgendwann zwischen unseren Fingern, und Vergeblichkeit schimmert am Grunde unserer Taten wie ein Wasserzeichen.

Kein Grund zum Jubeln. Doch unsere Augen davor zu verschließen bedeutet, das Leben nur halb zu leben. Was ist Melancholie anderes als ein Zulassen der Vergänglichkeit, ein sich Versöhnen mit all dem, was unserem Einfluss entzogen ist. Was ist Trauer anderes als ein langsames Annehmen des Unabänderlichen, so schmerzlich es auch sein mag. Und was ist mein Schmerz anderes als ein Gewahrsein meiner Lebendigkeit – wie verletzlich ich bin, wie bedeutsam mir alles ist, wie sehr ich Anteil nehme.

Mein Glück ist nichts wert ohne mein Unglück. Das ist der dunkle Boden, auf dem die seltenen Stunden funkeln, das ist der Punkt, von dem aus ich alles, was mir allzu selbstverständlich erscheint, wieder schätzen kann. Dafür ist es aber notwendig, bewusst gegen unsere Neigung zur Negativität anzugehen: Ob man sich immer wieder daran erinnert, wofür man dankbar ist, ob man in schönen Momenten mit lieben Menschen innerlich kurz beiseitetritt, um sich zu freuen, oder ob man sich jeden Abend dazu bringt, die leisen guten Dinge des Tages zu erinnern, anstatt bloß die lauten schlechten.

Doch nicht nur ein Bemühen um Bewusstheit und Dankbarkeit, sondern auch negative Emotionen und Erfahrungen können uns helfen, uns wieder mit dem zu versöhnen, was ist. Jedes Scheitern stellt mich wieder mit den Füßen zuerst in die Welt, mag mein Gesicht auch im Staub liegen, jeder Verlust macht mir das Verbliebene kostbar, und jedes Leid öffnet unser Herz für das Leiden der anderen.

Umarmungen

Wie viel Unrecht kann die Umarmung
eines Freundes wieder gutmachen?

JEAN-JACQUES ROUSSEAU

Willkommen, mein Liebling! Pfiat di Gott, alter Freund! –
es gibt viele Arten, sich zu begrüßen oder zu verabschieden.
Dazu gehören je nach Tradition auch Berührungen. Bei uns
gibt es den Handschlag, das Küssen und die Umarmung.
Anderswo ist es üblich, die Nasen aneinanderzureiben oder
sich voreinander zu verbeugen. Ich bin, was wahrscheinlich meiner bayerischen Sozialisation geschuldet ist, eine
Doppelküsserin geworden, oder wie man auch sagt: Bussi-
Bussi. Bussi-Bussi ist der Schaufelraddampfer unter den Begrüßungen. Der einzelne Kuss dagegen ist intimer und ele-
ganter, weil er bewusster und unberechenbarer ist.

Doch beide Begrüßungsformen haben eine Gemeinsam-
keit: Man kommt dem anderen nahe, ohne ihm auf den Leib
zu rücken. Und das ist schade. Denn alle Berührung, die wir
als positiv empfinden, tut uns gut: eine Hand auf der Schulter, ein rasches Antippen, ein liebes Streicheln. Und besonders gut tut es, uns zu umarmen. Es hat sich gezeigt, dass
Umarmungen Stress reduzieren, Schmerzen lindern und
sogar Depressionen vorbeugen können. Und schon ein paar
Umarmungen am Tag können für langanhaltende Glücksgefühle sorgen.

Auch die Free-Hugs-Bewegung baut auf die heilende Kraft der Umarmung. Mitmachen ist ganz einfach: Man stellt sich mit einem Schild, das freie Umarmungen anbietet, auf einen öffentlichen Platz und nimmt jeden Menschen in den Arm, der auf einen zukommt. Meine Freundin A. hat das einmal gemacht. Sie erzählte mir, dass sie am Ende, nach ungefähr fünfzig Umarmungen, regelrecht berauscht gewesen sei, und dieses warme Gefühl noch lange angehalten habe. Wie mag sich da erst die in Indien als Heilige verehrte Amma fühlen, *The Hugging Saint* genannt, die geschätzt bereits über 35 Millionen Menschen umarmt hat?

Umarmungen tun einfach gut. Sie erden uns. Die Körper drücken sich gegeneinander, und wir erfahren für einen Moment, wie verletzlich und empfindsam das Fleisch ist. Alles offenbart sich, wenn wir uns nahekommen; der private Geruch, die Fettröllchen über der Hüfte, die Spannung in den Schultern. Wir entblößen uns, wenn wir uns umarmen, und zugleich tröstet uns die Gegenwart des anderen, der ebenfalls ganz nahbar wird. Dieser Trost macht die Umarmung so kostbar; eine kleine Versöhnung mit unserer Menschlichkeit.

Jede Umarmung ist eine Bestätigung unserer Ähnlichkeit und unserer Verbundenheit. Für Kinder sind diese körperlichen Zärtlichkeiten besonders wichtig; sie sollten so oft wie möglich in den Arm genommen werden. Aber wie kommen wir Erwachsene an unsere Umarmungen?

Nachdem ich so viel von der wohltuenden Wirkung der Umarmung gelesen hatte, habe ich angefangen, den Doppelkuss für die Umarmung aufzugeben. Nach einer Umgewöhnungsphase mit ein paar seltsamen Hybriden, habe ich mir eine robuste Umarmungsbereitschaft angewöhnt, die es in Kauf nimmt, angeküsst oder mit einer ausgestreckten

Hand auf Abstand gehalten zu werden. Dafür erinnere ich mich an einige Umarmungen, die denkwürdig und schön waren, während die langen Bussi-Bussi-Jahre keine Spuren hinterlassen haben.

Begrüßungen und Verabschiedungen sind natürlich die besten Anlässe, aber es geht auch ohne, einfach so, während eines Gesprächs, beim Nebeneinanderstehen, am Ende eines Spaziergangs. Gemeinsame Erfahrungen bieten sich ebenfalls an: Berggipfelumarmungen, Umarmungen nach langen Nächten oder nach beendeten Projekten. Fußballumarmungen, Trostumarmungen, »Wie schön, dass es dich gibt«-Umarmungen. Es gibt viele Gelegenheiten, und es liegt an uns, sie zu finden und sie zu nutzen. Danach geht das Leben einfach weiter, und doch funkelt irgendwo die wohlige Gewissheit: Ich bin nicht allein.

Staunen

Als ich in München anfing, Philosophie zu studieren, geriet ich an einen wunderbaren Lehrer. Für ihn war Philosophie nicht etwas, das man auswendig lernen konnte, sondern etwas, das einen selbst anging. Dafür erläuterte er uns einmal Nietzsches Gleichnis der drei Verwandlungen. Darin spricht Nietzsche vom Menschen, der vom Kamel zum Löwen wird, und vom Löwen zum Kind. Das Kamel, das ist der Mensch, der alles als gegeben hinnimmt, ohne sich und seine Überzeugungen zu hinterfragen. Es trägt die Last der Welt, der Verhältnisse: So ist es, und so soll es sein.

Doch irgendwann will das Kamel nicht mehr dienen und verwandelt sich in Kamel 2, wie unser Lehrer ausführte. Kamel 2 weiß im Unterschied zu Kamel 1, dass es nur ein Kamel ist und dass es andere Lebensformen gibt. Also beginnt es, den Dingen auf den Grund zu gehen. Dadurch wird es zum Löwen, der sich zurückzieht und überprüft, woraus die eigenen Meinungen, Normen und Werte bestehen und woher sie stammen. Der Löwe fürchtet sich nicht, er will sich kennenlernen. Dadurch lernt er selbst zu wollen, anstatt immer nur zu gehorchen wie das Kamel. Doch der Löwe ist immer noch reaktiv, sein Wollen trotzig, nicht schöpferisch. Er muss erst zum Kind werden, um wirklich neu anzufangen. Nietzsche schreibt: »Unschuld ist das Kind und Vergessen, ein Neubeginnen, ein Spiel, ein aus sich rollendes Rad, eine erste Bewegung, ein heiliges Ja-sagen.«

Das Kind sieht die Welt neu. Und schafft sich so eine neue Welt. Denn unser Umgang, unsere Perspektive und Gewichtung der Dinge bestimmen unsere Erfahrung mit ihnen und dadurch ihre Bedeutung und ihren Wert. Doch es geht nicht nur um Neubewertung, sondern auch ums Staunen. Das Kind steht für die Unschuld des Wissens, das endlich beim Nicht-Wissen angelangt ist, denn am Ende allen Denkens bleibt die Welt doch rätselhaft, über die Möglichkeit unseres Begreifens erhaben.

Unser persönliches Glück hängt davon ab, wie viel wir uns von diesem kindlichen Staunen bewahren können. Unschuld ist kein Charakterzug, sondern eine bewusst gewählte Haltung. Es ist viel schwieriger, Ungewissheit auszuhalten, als im bequemen Halbwissen zu bleiben. Aber wenn wir dort verharren, wo alles geordnet und vorhersehbar ist, scheint etwas zu fehlen und das Leben wirkt seltsam flach. Doch in jedem von uns steckt noch das Kind, das wir einst waren. Nur wie kommen wir zu unserem alten Ich zurück?

Indem wir uns an uns selbst erinnern. Es tut gut, Kinderfotos von sich anzuschauen. Ab und zu ein altes Lieblingsgericht zu kochen. Und es ist schön, alte Kinderbücher zu lesen, in deren Seiten sich unsichtbar Gefühle und Erinnerungen verfangen haben.

Als ich ein Kind war, war meine Welt belebt von Blumengeistern und Sternenmädchen. Eines meiner liebsten Bücher war *Peterchens Mondfahrt*. Nie vergesse ich die Blitzhexe und den nassen Regenfritz und die Kinder der Sonne, den Morgenstern und den Abendstern; wie schön sie waren, wie erhaben und gütig. Ganz anders der Mondmann, dessen haltlose Gier mir eine erste Ahnung davon vermittelte, wie das Böse auf die Welt kommt.

Es tut wohl, in diesen alten Büchern zu blättern. Ein Gefühl von Kontinuität, Geborgenheit und vergessenem Zauber umgibt uns dabei; besonders schön ist diese Reise in die Vergangenheit zusammen mit Kindern. Es lohnt sich, zurückzublicken in eine Zeit, als die Welt noch unbegreiflich war und jeder Stern ein Gesicht hatte. Doch der Blick zurück birgt mehr als schöne Erinnerungen. Denn wir irren uns, wenn wir die Welt für erschlossen und kontrollierbar halten, wo sie doch geheimnisvoll ist und bleibt. »Ich weiß, dass ich nichts weiß«, sagt Sokrates, und dieses Nichtwissen ist zugleich die Möglichkeit, alles ganz anders zu sehen und ganz anders zu machen.

Doch vor allem ist es der Anfang des Staunens darüber, warum es etwas gibt und nicht vielmehr nichts, und wie sich dieses etwas immer wieder neu zusammensetzt. Und wenn wir dieses Staunen verlieren, werden wir nicht glücklich sein. Nicht so sehr, wie wir es könnten.

Lernen

Man bleibt jung, solange man noch lernen,
neue Gewohnheiten annehmen
und Widerspruch ertragen kann.

MARIE VON EBNER-ESCHENBACH

Das Leben ist ein mächtiger Strom, der mich immer wieder fortreißt, ich weiß nicht, wohin. Nur das Ende der Reise ist absehbar. Und bis dahin? Sind wir der Strömung ausgeliefert und doch frei beweglich. Schwankend zwischen Ohnmacht und Gestaltungsfreiheit sollen wir uns selbst verwirklichen, der Gemeinschaft etwas zurückgeben, vielleicht Kinder bekommen und ganz sicher unseren CO_2-Ausstoß reduzieren. Nur was soll das Ganze? Keine Ahnung. Die Frage nach dem Sinn des Lebens bleibt eine offene Frage, die jeder von uns mit seinem eigenen Leben beantworten muss. Gewiss ist nur, dass die meisten von uns gerne glücklicher wären.

Dabei sind die Auslöser für gute Gefühle so einfach wie bekannt. Zu ihnen gehören eine gewisse materielle Sicherheit, körperliche und geistige Freiheit und ein Ort, an dem man für sich sein kann. Dazu kommen tiefe soziale Beziehungen, das Gefühl, zur Welt etwas Eigenes beizutragen, und ein gewisser Erfolg bei dem, was man tut. Und natürlich: Bewegung, gute Ernährung, Sex. Die Auslöser für ein komplexeres Zufriedenheitsgefühl sind eher geistiger Natur und hängen von dem Zusammenhang zwischen dem, was ist, und unserer Bewertung dieser Tatsachen ab. Aber Körperglück, Beziehungserfahrung und Selbsterziehung sind nicht alles. Die tiefsten Glücksgefühle entstehen durch ein Gefühl von Wachstum und Veränderung.

Das hat auch evolutionsbiologische Gründe. Wir Menschen sind nicht für dauerhaftes Glück geschaffen. Womit die Evolution uns stattdessen versehen hat, ist ein Mechanismus, der uns nach Glück streben lässt. Deshalb ist der Mensch wohl so ein getriebenes Tier, chronisch unzufrieden und süchtig nach Verbesserung. Dieses Tier in uns macht uns nicht glücklich; es hält uns sogar davon ab, dankbar zu sein für das, was wir haben. Trotzdem hat es eine Botschaft, die uns alle angeht: Wachse. Gedeihe. Entfalte dich.

Wenig ist vergnüglicher, als etwas Neues zu lernen oder auszuprobieren. Wenig macht zufriedener, als Fortschritte zu erleben oder Meisterschaft. Und kaum etwas ist beruhigender, als die dabei immer wiederkehrende Erfahrung, dass die Welt genug Interessantes bietet, um uns für den Rest unseres Lebens beschäftigt zu halten.

Der wohltuende Zauber des Neuen betrifft alle Lebensalter. Früher sagte man: »Was Hänschen nicht lernt, lernt Hans nimmermehr.« Aber das ist falsch. Unser Gehirn ist neuroplastisch, also bis ins hohe Alter fähig, neue Nervenzellen und Verbindungen zu bilden. Mehr noch, diese neuen Verknüpfungen stärken es und tun ihm gut. Aber was können wir uns beibringen?

Türkisch. Tango. Einen unvergleichlichen Schokoladenkuchen zu backen. Das Gesamtwerk einer Autorin. Kopfstand. Programmieren. Gedichte zu schreiben. Alles, was wir uns aneignen, kann uns glücklich machen, ob das nun Pfeifen auf zwei Fingern ist oder chinesische Kalligraphie. Es geht nicht um den Inhalt, sondern um ein Gefühl von

Wachstum und Bereicherung. Der Mensch ist innen größer als außen, und alles, was unsere innere Mannigfaltigkeit erhöht, beglückt.

Wenn wir uns darauf einlassen, etwas Neues zu lernen, sagen wir uns selbst damit, dass wir uns ernst nehmen und uns wertschätzen. Alle Zeit, die wir dem Erwerb neuer Fähigkeiten widmen, bringen wir für uns selbst auf. Lernen ist Selbstwürdigung. Und zugleich der beste Weg, etwas für unser rastloses und veränderungssüchtiges Gehirn zu tun. Denn Lernen ist nur ein anderes Wort für Üben. Unlust, Rückfälle und Scheitern inbegriffen. Am Anfang zählt die Begeisterung. Und danach das Durchhaltevermögen. Wie schon das auf Seneca zurückgehende Sprichwort sagt: *Per aspera ad astra* – durch Mühsal gelangt man zu den Sternen.

Meistens wird diese Gipfelerfahrung jedoch von einem Hauch von Melancholie begleitet. Woran soll man nun wachsen, wohin sich richten, wonach streben? Und schon beginnt diese kleine Unruhe, eine Neugier auf das, was als Nächstes ansteht. Lernen ist nicht ankommen, sondern weitermachen wollen. Denn mit allem, was wir uns zu eigen machen, sagen wir uns selbst: Ich gebe mich nicht auf. Ich nehme am Leben teil. Ich entwickle mich und wachse. Und obwohl ich nicht wissen kann, was die Zukunft bringt, so kann ich doch sagen: Ich bin eine gute Schwimmerin. Und kochen kann ich auch.

Muße

Einen Tag ungestört in Muße zu verleben heißt,
einen Tag lang ein Unsterblicher zu sein.
CHINESISCHES SPRICHWORT

»Man kann vorzüglich in dieser Welt leben, wenn man zu arbeiten und zu lieben weiß«, schreibt der Schriftsteller Leo Tolstoi 1856 in einem Brief. Dabei hat er sicher mehr an selbstbestimmte Tätigkeiten als an das stumpfe Ableisten von Arbeitsstunden gedacht. Es gibt diese Sternstunden des Tätigseins, die wir mit Ausdrücken wie »Flow« und »in einer Sache aufgehen« beschreiben. Und es gibt ebenso unbestreitbar etwas wie Arbeitsleid. Schon seit den Anfängen der Ökonomie wird davon gesprochen, dass eben dieses Leid gegen Geld getauscht wird. Beim Arbeitsleid kommt es jedoch nicht nur auf die Art der Arbeit an. Jede Beschäftigung hat Momente des Unerträglichen, und auch die selbstbestimmteste Künstlerin der Welt wird immer wieder für die große Alchemie leiden, aus nichts etwas zu machen.

Aber vielleicht leidet sie lieber als jemand, der die eigene Arbeit als entfremdet ansieht und bloß zum Broterwerb bestimmt. Denn unser Glück steigt mit dem Maß unserer Autonomie. Sie verringert zwar nicht das Arbeitsleid, aber gibt der Arbeit eine andere Art von Sinn: Ich leide nur für mich und nicht für ein Unternehmen, das sich gar nicht um mich schert. Dieser Zusammenhang inspiriert viele Menschen zur Selbstständigkeit; auch mich und andere, die ich kenne. Deren Selbstständigkeit als Fotografin oder Designer, als Webdienstleister oder Finanzberaterin ist manchmal erfolgreich, oft prekär, aber über einen Mangel an Autonomie beklagt sich niemand. Das Problem liegt woanders: Selbstständige haben den schlimmsten Chef der Welt. Sich selbst. Weil es keine klare Trennung gibt zwischen Arbeit und Leben, hört der Job niemals auf.

»Ich muss da noch was fertig machen«, sagt C., als wir an einem sonnigen Nachmittag die Straße entlangschlendern. Und ich erst! Die nächste Viertelstunde verbringen wir mit der den meisten Selbstständigen stets genauestens verfügbaren Aufzählung aller noch zu bewältigenden Aufgaben. Was für eine Zeitverschwendung, wo man sich doch stattdessen an den Sonnenstrahlen und aneinander freuen könnte! Doch der Bewältigungsdruck wird auch für Angestellte immer größer. Mittlerweile haben sich bei den meisten von uns Berufs- und Privatleben fast vollständig zu einer amorphen Masse an niemals endenden Erledigungen vermischt.

Und wir kommen alle nicht mehr zur Ruhe. Das zu Tuende verfolgt uns, und wir laufen ihm zugleich hinterher. Was oft genug heißt, nicht nur fünf, sondern sieben Tage die Woche zu arbeiten. Damit ist nicht unbedingt die reale Arbeitszeit gemeint, sondern das sich niemals schließende Auge des großen Chefs, der in uns allen wohnt. Autonomie bedeutet Herrschaft über unsere Zeit, nicht nur über unsere Arbeit.

Glücklich ist, wer die Kunst beherrscht, alles zu seiner Zeit zu erledigen. Und dann darüber zu schweigen, vor sich selbst und vor anderen. Dazu gehört, ein Gefühl für das eigene Tagwerk zu kultivieren und damit für den Moment, an dem man sagen kann: Und jetzt ist es gut.

Denn manchmal ist das, was wir nicht tun, wichtiger als das, was wir tun. Die Seele blutet aus, wenn die Stille fehlt. Wann saß ich das letzte Mal ruhig auf meiner Couch und war einfach nur da? Wann habe ich das letzte Mal Zeit verschwendet, nicht im Internet, sondern einfach so? Wie fühlt es sich an, nicht zu wollen und nicht zu müssen?

Hinter diesen Erfahrungen der eigenen Unverwertbarkeit kommen wir selbst wieder zum Vorschein. Das Wort Muße beschreibt die Zeit, die wir mit unseren auserwählten Musen verbringen, eine Zeit, die uns ganz allein gehört. In vielen Religionen gibt es die Tradition, sich einen Tag in der Woche ganz und gar freizuhalten. Keine Verabredungen, keine Aufgaben, erst recht kein Erledigungsdruck. Natürlich geht das nicht immer, schon gar nicht mit Kindern, aber die Gestaltung unserer Muße ist mindestens ebenso wichtig wie die Auswahl unserer Tätigkeit. Nur wer Pausen macht, kann inspiriert weiterarbeiten. Und nur wer Zeit für Zweckloses hat, kann sich und seine Fähigkeiten auf Dauer einbringen. Denn Tätigsein macht vielleicht glücklich, aber nur Muße macht produktiv.

Brachliegen

Gewähre Erholung; der Acker, der sich erholt,
gibt reichlich, was er dir schuldet, zurück.

OVID

Muße, ja? Ruhe, Erholung, Stille. Das ganze Paket. Ich bin
bereit. Einfach mal da sein, zwecklos, ungerichtet. Wie lange
habe ich das nicht mehr erlebt? In der Landwirtschaft nennt
man das brachliegen. Ein schönes Wort. Brachliegen. Das
will ich auch.

Es gibt verschiedene Formen des Untätigseins, von der
Pause bis zum Sabbatical. Die Wichtigkeit von kleinen Un-
terbrechungen kann nicht genug betont werden. Man geht
davon aus, dass sie die Effektivität steigern und die Kon-
zentration erhöhen. Aber es geht nicht nur um unser Leis-
tungsvermögen – sondern auch um unser Leben. Obwohl
die meisten Menschen viel zu tun haben, vor allem wenn
sie Eltern sind oder jemanden pflegen, ergeben sich immer
wieder mögliche Pausen. Ungestörte Stunden, in denen sich
so etwas wie Besinnung einstellen kann. Aber nicht muss.
Denn echte Ruhe sollte man genauso planen wie Verabredungen. Ruhe ist sozusagen eine Verabredung mit sich
selbst.

Ich nehme mir vor, zwei Tage lang nichts zu tun. Das fällt
mir schwerer, als ich dachte. Der innere Chef ist schwer zu
beruhigen, er sagt: Da ist aber noch einiges zu erledigen. Ich

erwidere, dass ich vorhabe, brachzuliegen, ein Experiment zur Produktivitätssteigerung. Er kaut ein paar Stunden auf diesen Wörtern herum, nicht überzeugt, aber kooperationswillig. Irgendwann nickt er. Ich habe frei.

Es ist Freitag, früher Abend. Unruhe stellt sich ein. Das Internet lockt. Sein Versprechen: Ich lenke dich ab von dir. Hallo Zeitungen online, hallo boredpanda.com, hallo Twitter. Statt meiner eigenen Langweile, die Langweile anderer Leute. Aber ich will mich ganz alleine langweilen. Vielmehr, ich will die Ruhe genießen. Die elektronischen Geräte werden ausgestellt und bleiben auch aus.

Es ist still geworden. Ich muss mich immer wieder in die Ruhe hineinbegeben, denn Stille ist beängstigend, zumindest am Anfang. Dann kommt der erste Anruf auf dem Festnetz: Ob ich noch mit ins K komme? O nein, nach der Langeweile anderer Leute die zweite Hürde: das Amüsement anderer Leute. Die haben alle unglaublich viel Spaß, nur ich nicht. Ist natürlich Quatsch und lenkt mich nur von mir selbst ab. Außerdem gibt es diese immer strahlenden, völlig zufriedenen Menschen, die ich mir dann immer vorstelle, in Wirklichkeit gar nicht. Was es gibt, sind Einzelne, jeder mit seiner Geschichte, seinem Schmerz und seinen Geheimnissen.

Vor allem will ich mich gar nicht amüsieren. Sondern dableiben und zuhören, ob ich mir etwas zu sagen habe. Ich stecke das Telefon aus. Und in mir erwacht eine zaghafte Zärtlichkeit: dass du das für mich tust. Langsam äußern sich auch kleine Sehnsüchte: Das würde ich morgen gerne essen, dieses Buch würde ich so gerne mal wieder lesen, machst du einen Spaziergang mit mir? Dazwischen flackern Unruhe, Schuldgefühle, Angst auf. Die Erwartungen der anderen, die eigenen Vorstellungen über das, was zu tun und zu lassen ist, Bilder über Bilder. Wenig ist schwerer auszuhalten, als untätig in Stille zu verharren.

Nein, auch die Auszeit will gestaltet werden: doch noch schnell ins Fitnessstudio oder wenigstens 1a-Kosmetikbehandlung zu Hause? Oder Unterlagen sortieren, diesen Brief beantworten, endlich S. anrufen? Ich kann, ich darf doch nicht NICHTS tun!

Das Unglück des modernen Menschen besteht darin, dass er nicht mal zehn Minuten in Ruhe auf seiner Couch sitzen kann. Die Eigenzeitverwertung hat unvorstellbare Ausmaße angenommen. Doch ich will nicht. Nicht heute. Ich bleibe sitzen und warte, bis die Müdigkeit kommt; der Schlaf ist tief. Samstagmorgen. Ich gehe spazieren, kaufe meine Lieblingskekse und ein paar frische Zutaten, genieße das Sonnenlicht, gehe an einer Ausstellung vorbei und beschließe, nicht reinzugehen, komme wieder nach Hause, ein Glücksgefühl: Mein Tag. Nichts zu tun. Dann gehe ich zum Bücherregal und hole einen alten Band heraus, eine Erinnerung an die, die ich gewesen bin. Ich beginne zu lesen, der Tag vergeht, der Abend kommt. Immer wieder lege ich das Buch beiseite und blicke vor mich hin: Dort ist die Welt, hier bin ich, es ist okay. Am nächsten Morgen bin ich so gefasst und froh wie schon lange nicht mehr.

Wie viel Wert man sich gibt, wenn man sich nicht ständig verwertet! Wir brauchen die Stille, um wieder zu uns zu kommen. Freie Zeit ohne Gestaltungsdruck ist der wahre Luxus unserer Zeit und Muße ein Geschenk, das wir uns selbst machen können. Nur – annehmen müssen wir es auch.

Vom Guten

Wer die geringen Teile seines Wesens pflegt,
der ist ein geringer Mensch.
Wer die edlen Teile seines Wesens pflegt,
der ist ein edler Mensch.

I GING, § 27

Über Glück nachzudenken, heißt auch, darüber nachzudenken, wie man ein guter Mensch wird. Altruismus macht glücklicher als Egoismus, Geben ist seliger denn Nehmen, und alles Gute trägt nach Aristoteles seinen Lohn bereits in sich. Theoretisch sollten wir also nach dem Guten streben. Aber praktisch streben wir lieber nach dem Leichten, Bequemen und Angenehmen. Oder einfach nach – mehr. Ignoranz, Faulheit und Gier sind die größten Feinde des Glücks. Sie loszuwerden, ist eine Lebensaufgabe.

Wir werden durch das bestimmt, was wir tun, das, was wir lassen, und durch unsere Haltung zu unserem Leben, unseren Mitmenschen und der Welt. Jeder von uns steckt voller widersprüchlicher Wünsche, deren Inhalt sich oft unserer Kontrolle entzieht. Doch es liegt in unserer Hand, welchen Wünschen wir nachgehen und welche wir verwerfen. Häufig entscheiden wir allerdings unbewusst, da viele unserer Handlungen auf Gewohnheit basieren. Dabei können wir uns unsere Neigung zur Routine auch zu Nutze machen. Meine Freundin S. schafft es beispielsweise, drei Mal pro

Woche morgens laufen zu gehen. Nachdem sie sich selbst lange genug vor vollendete Tatsachen gestellt hat, ist es ihr zur unhinterfragten Praxis geworden.

Aber der Feind schläft nicht. Seine Waffen sind stark und seine Angriffe vielfältig. Es ist nicht leicht, ein guter Mensch zu sein. Besonders nicht angesichts der Tatsache, dass das Übel in uns wohnt. Der Kampf muss geführt werden. Immer wieder. Jeden einzelnen Tag. Also zeigt euch, ihr Feinde. Ring frei!

Da wäre zum Beispiel mein Drang, mich zu beklagen und neidisch zu sein. Oft völlig grundlos, ganz abgesehen davon, dass ich, verglichen mit vielen anderen Menschen auf der Welt, sehr privilegiert bin. Aber nein, das ist alles nicht genug. Alle haben es besser als ich. Undankbares Gezeter. Ich sehe die Gestalt zur Stimme, ein gebeugtes dürres Weib in grauer Regenjacke. Wenn ich ihr zu lange zuhöre, frisst sie mich auf. Dieses Maul ist nie zu stopfen; sie könnte die ganze Welt verschlingen und wäre immer noch so hungrig wie zuvor.

Meine Faulheit hingegen ist wie ein fettes gestreiftes Erdferkelchen. Es hat die charmanteste Stimme der Welt und sagt: Ich will. Ich brauche. Nur noch eins. Morgen ist auch noch ein Tag. Jetzt sei nicht so streng zu dir. Das Ferkel lügt, immer. Es will alles, und zwar sofort, und nichts ist ihm heilig. Wenn ich ihm zu lange zuhöre, werde ich ebenfalls dick und träge und bequem, und die Lügen werden lauter: Später ist auch noch Zeit. Stress dich nicht. Du bist voll in Ordnung, so wie du bist. An sich arbeiten müssen nur die anderen.

Dann gibt es noch den gekränkten Teenager, mit einem Ego so groß wie das All. Missmutig und vergnügungssüchtig kreist er um das imaginierte Leben der anderen, anstatt auf sich selbst zu blicken. Doch vor allem hat er egoistische und kindische Wünsche; das Leben soll heiter sein, anstrengungslos, und wehe, jemand fordert ihn auf, einmal etwas für andere zu tun. Der Teenager ist chronisch unzufrieden, alles Gute ist ihm selbstverständlich, alle Schwierigkeiten Grund zu endlosem Geheul.

Und das ist beileibe nicht alles. Stimmen über Stimmen, die sich melden, wenn es Entscheidungen zu treffen gilt. Auch das Anständige und Gute ist zu vernehmen, und es liegt allein an mir, wem ich zuhöre und mit wem ich mich identifizieren will. Diese Entscheidungen haben Gewicht. Unsere Präferenzen schleifen sich ein; sie hinterlassen Spuren, werden zu Gewohnheiten und Charakterzügen.

Der Himmel bewahrt mich allerdings vor unangemessener Selbstzucht. Das Ferkelchen hat mir schon viel Freude bereitet, und wie wohltuend kann es sein, sich mal richtig auszuheulen. Dennoch – es ist ein ständiger Kampf zwischen dem Menschen, der ich sein möchte, und dem Menschen, der ich bin. Das Gute ist nicht immer das Naheliegende, es benötigt mehr Anfangsenergie und feinsinnigere Rechtfertigung. Es liegt an uns, uns selbst zu überwinden. Und der Stolz, den wir empfinden, wenn wir es wieder einmal geschafft haben, fühlt sich fast so an wie Glück.

Sich überraschen

Sich selbst zu überraschen,
macht das Leben lebenswert.

OSCAR WILDE

A. ist mal wieder zu spät zu einer Verabredung gekommen. »So bin ich eben«, sagt er entschuldigend und setzt sich. R. hat wieder einmal zwei Bier zu viel getrunken, obwohl ihre Freundin sie gebeten hat, früh nach Hause zu kommen. »Ich kann mich manchmal einfach nicht beherrschen«, sagt sie und zuckt mit den Schultern. T. steht allein auf einer Vernissage rum, während seine Begleitung mit Bekannten redet. »Ich bin schüchtern«, sagt er, »was soll ich machen?«

Die Welt ist kompliziert. Um in ihr zu überleben, müssen wir sie vereinfachen. Unser Gehirn ist ein Filter, der die Fülle des Wirklichen vorsortiert, Routinen schafft und komplexe Abfolgen in simple Bilder verwandelt. Das hilft uns, Entscheidungen zu treffen. Aber manchmal beraubt es uns dessen, was das Leben ausmacht: Wandel, Wachstum und unerwartete Wendungen.

Ein Leben, das nur aus Routinen besteht, kann nicht glücklich sein. Deshalb ist es wichtig, alles, was wir für selbstverständlich halten, von Zeit zu Zeit zu hinterfragen. Das reicht von unserem Verhalten über unsere Wünsche bis hin zu unserem Selbstbild. Will ich das wirklich? Bin ich das tatsächlich? Muss ich so handeln?

Gewiss ist nur der Tod. Alles andere sind Geschichten, die wir uns erzählen. Und alles, wirklich alles könnte auch ganz anders sein. Unser Wirtschaftssystem. Unser Umgang mit der Natur. Oder mit unserem eigenen Leben. Wenig ist beängstigender als diese Freiheit. Und wenig erfrischender. Mit jeder Überraschung, die wir uns selbst bereiten, verbinden wir uns mit dem unergründlichen Leben und schenken uns zugleich ein Stück Jugend und Leichtigkeit. Sich seinen eigenen Erwartungen zu widersetzen, sie zu unterwandern, sie zu übertreffen oder auf eine völlig neue Weise zu erfüllen, kann ungeahntes Glück bedeuten.

Aber wie stellt man das an? Wie so oft bedarf das vordergründig Spontane der Einsicht und der Planung, da viele Veränderungen Zeit brauchen, um heranzureifen. Aber immer gibt es diesen einen Moment, wo eine unsichtbare Grenze überwunden wird, eine U-Bahn nicht verpasst, ein Bier nicht getrunken oder sich doch ein Herz gefasst wird. Es geht darum zu springen. Loszulassen. Es einfach zu tun.

Seit Jahren habe ich lange Haare, sie fallen tief über meinen Rücken. Die Haare und ich sind ein eingespieltes Team. Und wie es so ist: Man gewöhnt sich aneinander. Und irgendwann wird die Gewohnheit zur Abhängigkeit und bei jedem kritischen Blick sagen die Haare: »Was du auch tust, verlass uns nicht.« Und ich sage: »Aber nein, niemals verlass ich euch.«

Dann kam Y. Ich hatte ihr die Erlaubnis erteilt, mir die Spitzen zu schneiden. Y. sah mich an und sagte: »Du hast Teenagerhaare. Lang, langweilig, kaputte Spitzen. Ich würde sie abschneiden.« Gemeinsam mit jedem einzelnen Haar schrie ich auf: Niemals! Ich würde sie wachsen lassen, bis, bis ... Ja, bis wann eigentlich? Ich sah mich begraben in einem Leichentuch aus Haar, und immer wieder würde einer der Sargträger versehentlich auf eine Strähne treten, und einmal würde ich dabei fast aus dem Sarg fallen und ...

Ich atmete tief durch. Jetzt oder nie. »Tu's«, flüsterte ich, »mach, wie du denkst.« Y. ist eine gute Friseurin. Und eine entschlossene Frau. Schnipp. Schnapp. Als ich mich umdrehte, sah ich einen kleinen Haarberg am Boden liegen. »Adieu«, murmelte ich. Mein Kopf fühlte sich leichter an. Der Pullover sah plötzlich besser aus. Glücksgefühle.

Viele Grenzen liegen in uns, nicht außerhalb. Sie zu überwinden, gibt dem Leben das zurück, was wir ihm allzu oft unbewusst entziehen: einen Hauch von Unberechenbarkeit. Und das ist manchmal nur ein anderes Wort für Glück.

Lebensportfolio

Nichts ist so beständig wie der Wandel.

HERAKLIT

E. arbeitet seit fünf Jahren in einer Firma für Computer-spielentwicklung, und sie liebt ihren Job. Deshalb macht sie immer wieder Überstunden und beschäftigt sich auch in ihrer knappen Freizeit mit den neuesten Entwicklungen auf diesem Sektor. E. hat keine Freunde, nur Kollegen. Doch dann passiert das Undenkbare: Krise, Katastrophe, Konkurs. E. wird entlassen und ist am Boden zerstört. Ihre Arbeit in der Firma hat ihr Lebenssinn und Identität gegeben. Und jetzt?

Der Job in der Computerbranche könnte auch die Beziehung sein. Oder irgendeine andere Rolle, die so sehr mit unserem Ich verschmolzen ist, dass wir sie damit verwechseln. Es ist ein klassischer Fehler zu glauben, dass alles so bleibt, wie es ist. Und dass es immer so weitergeht. Am verwundbarsten ist, wer alles auf eine Karte setzt. Nicht bei einem schnellen Spiel, sondern beim großen Ganzen. Jeder Spieler würde darüber nur den Kopf schütteln.

Die Welt ändert sich, Dinge ändern sich, Menschen ändern sich. Wer trotz dieser unvorhersehbaren Bewegungen glücklich sein will, muss sich beizeiten Gedanken über die richtige Strategie machen. Auf der einen Seite stehen wir und unsere Sehnsucht nach Kontinuität und Beständigkeit. Auf der anderen stehen unangenehme Tatsachen wie Vergänglichkeit, unvermeidbare Verluste und böse Überraschungen. Glück ist ein Kampf: gegen unsere Ignoranz, gegen die Gleichgültigkeit der Welt und gegen das schmerzhafte Verschwinden von allem, was uns kostbar ist. Und wie jede gute Kriegerin weiß, ist Vorbereitung der Schlüssel zum Sieg. Oder zumindest ein Weg, die Wahrscheinlichkeit einer Niederlage so gering wie möglich zu halten.

Deshalb ist es ratsam, immer mehrere Eisen im Feuer zu haben. Oder Pferde im Rennen. Das gilt auch für unser Selbstbild: Einseitigkeit macht uns verwundbar, während Vielfalt uns vor totalem Verlust bewahrt. Je mehr Rollen wir haben, je mehr Interessen wir pflegen und je mehr Dinge uns Freude bereiten, desto mehr Widerstand können wir dem stets lauernden Unglück entgegensetzen. Glücksforscher sprechen vom Portfolio des eigenen Lebens. Breit gepolstert soll es sein und schön gestreut. Hilflosigkeitsvermeidung. Unsere Identität ist besser geschützt, wenn sie auf vielen Säulen steht.

Das betrifft zunächst die eigenen Rollen: Je mannigfaltiger unsere Fähigkeiten und Interessen sind, desto reicher ist unser Leben. Und desto besser sind wir gegen unerwartete Katastrophen gewappnet. Wenn ich meinen Job verliere oder von meiner Partnerin verlassen werde, bin ich immer noch Koch oder Fotografin oder Influencer oder Drachenfliegerin. Aber es geht auch um unsere sozialen Rollen: Je vielfältiger die Beziehungen zu unseren Mitmenschen sind, desto weniger sind wir auf die Gunst von Einzelnen angewiesen. Das steht keinesfalls im Widerspruch zu zwischenmenschlicher Verbindlichkeit, es gibt ihr nur einen schöneren Rahmen: freiwillige Zuneigung statt hungriger Bedürftigkeit. Außerdem gehört die Liebe zu den wenigen Dingen, die uns quasi unbegrenzt zur Verfügung stehen. Und es dabei schafft, für jeden geliebten Menschen in unserem Leben eine neue Form zu finden.

Das alles ist kein Garant für Unverwundbarkeit. Aber fürs Überleben. Denn jeder kennt den Schmerz des Verlustes, vom Verschusseln geschätzter Gegenstände über das Zu-Ende-Gehen schöner Zeiten bis hin zu Liebesleid und Tod. Diese Unvermeidlichkeiten einzukalkulieren heißt, die Tragik unserer Existenz ernst zu nehmen und uns bestmöglich dagegen zu wappnen. Das kann bedeuten, von einer Sache gleich zwei zu erwerben. Viel Zeit mit lieben alten Menschen zu verbringen. Fotos von den schönen Zeiten zu machen. Und das eigene Leben mit so vielen unterschiedlichen Rollen und Formen von Freundschaft und Zuneigung anzufüllen wie nur möglich. Denn eines ist sicher: Das nächste Unglück kommt bestimmt.

Selbstwert

Die Wurzel alles Bösen in der Welt
ist der Mangel an Liebe zu sich selbst.

THOMAS VON AQUIN

Glück ist eine persönliche Angelegenheit. Ich muss selbst herausfinden, wie ich meinem Glück näherkomme. Die Glücksindustrie hingegen lebt davon, das Allgemeine anzusprechen, ihre Erkenntnisse sind meist ebenso banal wie bekannt. Aber richtig sind sie trotzdem oft. Zum Beispiel die Sache mit den »drei großen B«, die wesentlich für unser Glücksempfinden sind: Bewegung, Betätigung, Bestätigung. Doch selbst in diesen Allgemeinplätzen müssen wir uns individuell verorten: eine Tätigkeit finden, die uns liegt, einen Sport, für den wir uns motivieren können, und Menschen, deren Anerkennung uns etwas bedeutet.

Es mangelt wirklich nicht an Ratschlägen, wie wir gesünder leben, erfolgreicher werden oder besser organisiert. Doch was nützt das alles, wenn wir nicht fähig sind, uns selbst zu schätzen? Nur in dieser Selbstanerkennung liegt echte Freiheit, also Freiheit vom Urteil der anderen, ob Eltern, Vorgesetzte oder Freunde. Uns jenseits dessen, was andere uns zuschreiben, zu lieben bedeutet, die Einmaligkeit unseres Daseins anzunehmen und eben daraus einen Wert zu ziehen, der keiner externen Beglaubigung bedarf. Jeder Mensch ist kostbar, weil er oder sie so ist, wie er oder sie ist.

Jeder und jede hat der Welt etwas Schönes, Brauchbares und Unersetzliches zu geben. Dieser individuellen Eigenheit gilt es nachzuspüren. Schließlich gibt es nur einen Menschen, der das ganze Leben lang bei mir sein wird: ich selbst. Wer glücklich werden möchte, tut also gut daran, sich zu kennen. Und sich zu mögen.

Experten sind sich uneins, ob wir lernen können, uns zu lieben. Denn wenn wir nicht hinreichend und bedingungslos geliebt wurden, als wir hilflos und neu auf der Welt waren, fällt es uns schwer, diese Erfahrung von Bestätigung und Annahme nachzuholen. Doch auch wenn alles in Ordnung war – kein Mensch ist fehlerlos. Jeder von uns hat hässliche Seiten, und niemand ist ohne Widersprüche. Manchmal komme ich mir vor wie die Trainerin einer mittelmäßigen Fußballmannschaft: Entweder pennt der Sturm oder die Verteidigung, und irgendeine hat immer die Hose vergessen. Mich zu lieben heißt, diesen unordentlichen Haufen zu lieben. Aber es heißt auch, ihn immer wieder auszurichten, indem ich mich bewusst bemühe, meiner inneren Stimme zuzuhören. Wenn ich lange nicht mehr nach mir geschaut habe, ist sie leise, zart und schüchtern.

Aber wenn wir auf die Suche nach ihr gehen, wird sie uns irgendwann antworten. Wir können uns annähern mit Fragen wie: Was brauche ich? Welche Menschen oder Tätigkeiten geben mir ein gutes Gefühl? Wonach sehne ich mich?

Manchmal kommt es mir vor, als würde ich ein scheues Tier herbeilocken. Warum ist es nur so schwer, sich zuzuhören? Da hilft nur Beharrlichkeit. Irgendwann fangen wir dann tatsächlich an, mit uns zu sprechen und dabei dieser feinen Stimme zu lauschen, die sagt: Ich würde heute gerne zu Hause bleiben. Oder: Es wäre schön, wenn du nicht noch mal zum Kühlschrank gehen würdest. Oder: Bitte, würdest du mit mir einen Spaziergang machen?

Wer soll uns denn unsere Wünsche erfüllen, wenn nicht wir selbst? Wer soll sich um uns kümmern, uns lieben und achten, wenn wir es selbst nicht tun? Da heißt nicht, dass wir einander nicht brauchen würden. Liebevolle Beziehungen sind der wichtigste Schlüssel zum Glück. Doch auch hier gilt: Alles, was freiwillig und aus Zuneigung gegeben wird, ist kostbarer als das, was eingefordert wird, um ein schwarzes Loch zu stopfen, das nur wir alleine ausfüllen können. Selbstwert ist etwas, das sich jede und jeder selbst zusprechen muss. Und nur wer sich selbst respektiert, kann auch den anderen respektieren.

Manche Glücksexperten empfehlen deshalb, den Tag mit einer Liebeserklärung an sich zu beginnen. Oder vor dem Spiegel positive Beschreibungen zu wiederholen: »Ich bin wertvoll. Ich bin einmalig. Es ist schön, dass es mich gibt.«

Solche Selbstmotivation ist Geschmackssache; ich glaube, es ist schon viel gewonnen, wenn man lernt, sich zuzuhören. Und dementsprechend handelt. Selbstvertrauen ist nichts anderes, als das immer wieder neu einzulösende Versprechen, unser eigenes Vertrauen verdient zu haben. Sich auf sich selbst verlassen zu können, macht glücklich. So viel steht fest.

Die innere Stimme

Wer sich selbst nicht auf die rechte Art liebt,
kann auch andere nicht lieben.
Denn die rechte Liebe zu sich, ist auch das
natürliche Gutsein zu anderen.
Selbstliebe ist also nicht Ichsucht, sondern Gutsein.
DER MANN OHNE EIGENSCHAFTEN, ROBERT MUSIL

Eine liebevolle Beziehung zu sich selbst ist der wichtigste Schritt auf dem Weg zum Glück. Aus ihr folgt alles andere. Um sich zu lieben, muss man sich kennen. Und um sich zu kennen, muss man sich zuhören. Doch die eigene Stimme ist nur eine unter vielen. Es ist erstaunlich, wer da alles spricht: die Eitelkeit, die Lust, die Gier. Einige kleine Wunschvorstellungen, ein Häufchen unbewusst zu eigen gemachter Überzeugungen, ein paar Selbstbilder, ungeprüft. Die Eltern, die Gesellschaft, die Kultur, die Freunde. Jeder hat eine Meinung. Jeder verfolgt seine Interessen. Und wo bleibe ich?

Ich will versuchen, meine Stimme zu finden. Zwar glaube ich nicht, dass wir uns selbst jemals vollständig transparent werden können. Selbsttäuschung gehört zum Menschen wie Wahlversprechen zur Politik. Trotzdem gehe ich davon aus, dass eine gewisse Annäherung an meine innere Stimme möglich ist. Und mit Selbstvertrauen und Zuversicht belohnt wird.

Zunächst geht es darum, die Verbote auszuschalten. Viele Gedanken kommen gar nicht erst ins Bewusstsein, weil sie schon vorher abgefangen werden – im Namen der Moral, der Höflichkeit, des guten Geschmacks. Ich rede mir also gut zu und versuche, mich zu überzeugen, dass ich zwar nicht alles sagen muss, aber alles denken darf. Irgendwo in mir beginnt es breit zu grinsen. Die verbotenen Gedanken sind oft die amüsantesten. Darüber hinaus versichere ich mir, dass ich wirkliches Interesse an meiner Meinung habe. Statt dauernd über mich zu bestimmen, widme ich mir Aufmerksamkeit: Was denkst du darüber? Oder: Was würdest du gerne machen?

Am Anfang bin ich noch misstrauisch. Diese Freundlichkeit, das ist doch verdächtig. Aber nach einigen vertrauensbildenden Akten – dem Buchen eines Kurses, den ich schon immer machen, dem Kochen eines Gerichts, das ich gerne mal ausprobieren wollte, und dem Kauf eines lang ersehnten Buches – bin ich überzeugt: Ich meine es gut mit mir. Und siehe da, meine innere Stimme beginnt zu sprechen.

Was für ein Vergnügen! Dort ist die Welt, hier bin ich. Meine Stimme hat eine ganz eigene Frequenz, und je mehr ich ihr zuhöre, desto lauter wird sie. Sie weiß ganz genau, was sie mag und was sie nicht mag. Ob ein Essen schmeckt oder ob ihr die Musik gefällt. Sie hat auch eine unbestechliche Meinung über Menschen, was nach einiger Zeit des Zuhörens oft dazu führt, dass einige Leute weniger und andere mehr gemocht werden.

Diese Stimme hat keine Angst. Sie ist aufrichtig, präzise und klar, egal, ob wir sie nach innen oder nach außen richten. Doch bei aller Strenge lässt sie mir immer eine Wahl: Du kannst gerne noch dieses oder jenes tun, ich möchte nur, dass du weißt, dass dies ein Akt der Faulheit / Dummheit /

Trotzigkeit ist, den du dir angesichts von diesem oder jenem eigentlich verkneifen solltest, aber bitte – wie du willst.

Wenn wir uns zuhören, lernen wir, unserem eigenen Urteil zu trauen. Das bedeutet keinesfalls, dass wir uns niemals irren. Aber es geht ja nicht darum, Fehler zu vermeiden, sondern darum, sich nicht mehr anzulügen. Wahrhaftigkeit geht zunächst nur uns selbst etwas an. Niemand muss wissen, was wir über all das, was uns umgibt und begegnet, denken. Aber wir selbst sollten uns bemühen, unsere echten Gedanken jederzeit im Blick zu haben, sie ernstzunehmen und entsprechend zu handeln. Oder uns still zu amüsieren. Glück ist auch: ein guter Witz, den man für sich behält.

Wahrhaftigkeit

I must,
above all things,
love myself.
NO PUSSY BLUES, NICK CAVE

Vorstellungen über das Glücklich-Werden gibt es viele. Glück durch Kontemplation, durch Selbstverwirklichung, durch Hingabe. Alles subjektiv. Und oft ist der einen Glück der anderen Unbehagen. Letzten Endes müssen wir selbst herausfinden, welche Idee von Glück für uns funktionieren könnte. Und doch scheint mir, dass ein Bemühen um ein aufrichtiges Verhältnis zu sich selbst die notwendige Voraussetzung für alles Weitere ist. Glücklich ist, wer mit seiner Seele sprechen kann. Und erträgt, was sie zu sagen hat.

Doch wo Worte sind, ist Lüge möglich. Jede Stimme ist zugleich eine Geschichte, die irgendwem nützt. Selbsttäuschung ist die häufigste Krankheit des Menschen. Vielleicht ist sie auch nur seine nützlichste Betäubung; eine, die uns aushalten lässt, was bei genauer Betrachtung eigentlich nicht zu ertragen ist: Vergänglichkeit, Gewalt, Tod.

Doch wo fängt die Wahrheit über uns selbst an? Und ist sie überhaupt möglich? Denn wie das Leben ist auch unser Ich im Wandel und ändert seine Bedürfnisse und Wünsche von Tag zu Tag. Diese emotionale Bewegung zu berücksichtigen und ihr nachspüren zu können, ist ein Glück an sich;

zu wissen, wann es Zeit ist zu schweigen, zu glänzen oder zu lernen. Diese Informationen stehen uns zur Verfügung, wenn wir uns um sie bemühen. Bei genauerem Hinsehen sind es allerdings eher Gefühle als Worte.

Ich glaube, dass das Erkennen und Zulassen unserer echten Emotionen die größtmögliche Annäherung an eine uns zugängliche Wahrheit über uns selbst und unser Leben darstellt. Gefühle lügen nicht. Jede Geschichte kann ich so oder so erzählen; ich kann ihr eine Form geben, mit der sich leben lässt. Gefühle hingegen sind einfach da, sie haben allenfalls verschiedene Intensitäten. Angst bleibt Angst, auch wenn man ihr ein goldenes Hütchen aufsetzt; sie blickt einen aus leeren Augenhöhlen an und sagt im unpassendsten Moment: Hab ich dich!

Der Evolutionsbiologe Paul Ekman spricht von sechs Basisemotionen. Von ihnen sind vier negativ – Ärger, Angst, Ekel, Traurigkeit –, die fünfte, Überraschung, ist quasi neutral, und nur ein Gefühl ist dauerhaft erstrebenswert: die Freude.

Wenn wir uns also die einfache Frage »Was fühle ich?« stellen, ist es ziemlich wahrscheinlich, dass wir die Antwort nicht hören wollen. Doch andererseits sind Gefühle die unmittelbarste Verbindung zum Leben; sie sind unsere spontane und wahrhaftige Reaktion auf alles, was uns zustößt. Wenn wir sie dauerhaft unterdrücken, sie mit Lügen, Konventionen und Bequemlichkeiten zudecken – »Sie liebt mich doch«, »Alle anderen machen es auch«, »Der Job ist gar nicht so schlimm« – dann sterben wir, Stück für Stück, oft ohne es zu bemerken. Bedauerlicherweise interessiert das meist niemanden. Denn es gibt nur einen Menschen auf der Welt, der am Ende wirklich für uns einstehen kann: wir selbst. Dafür müssen wir wissen, was in unserem eigenen Leben wahr ist und was Lüge. Und nur unsere echten Gefühle können uns darüber unverfälscht Auskunft geben. Wenn wir den Mut haben, sie zuzulassen und die oft schmerzlichen Erkenntnisse auszuhalten.

So stoßen wir vielleicht irgendwann wieder auf die Freude, die es bereiten kann, jetzt und hier ein einmaliger und unersetzlicher Teil der Welt zu sein. In ihr leben zu dürfen, als die, die wir sind. Mit unserer Geschichte, unseren Wunden und unseren Wünschen. Und mit unserer Liebe. Das scheint mir das größte Glück.

Erledigungen

Angenehm sind die erledigten Arbeiten.
MARCUS TULLIUS CICERO

Einer dieser Tage, die nicht schlimm sind, aber auch nicht wirklich gut. Bisschen was geschafft, bisschen was liegen gelassen. Schöne Momente erlebt, schlechte Momente erlebt, aber auch vieles gleich wieder vergessen. Gekocht. Aufgeräumt. Mit einem lieben Menschen telefoniert. Mit anderen Worten: ein ganz normaler Tag. Aus solchen Tagen setzt sich unser Leben zusammen, und Glück beginnt stets damit, das Selbstverständliche nicht selbstverständlich zu nehmen. Auch wenn wir es dazu immer wieder mit unserem neuigkeitshungrigen und undankbaren Gehirn aufnehmen müssen.

Den eigenen Alltag ohne Verbitterung zu bewohnen, ist eine große Kunst. Alles geht seinen Gang, ein bisschen langweilig, ein bisschen vorhersehbar. Doch die nächste Störung wartet meist schon. Die Welt ist widerständig, die Dinge sind borstig und die anderen Menschen unberechenbar. Stille Zufriedenheit mit dem, was ist, muss hart erkämpft werden. Und sie hat viele Feinde, innere und äußere. Die inneren Feinde sind so bekannt wie tückisch – wären wir alle bescheiden, selbstgewiss und großmütig, hätten sie nichts zu lachen, doch leider ...

Der äußeren Feinde der zufriedenen Alltäglichkeit sind

ebenfalls viele und gerne marschieren sie über eine selbstgebaute Brücke aus Bequemlichkeit und Ignoranz. Ich kenne die Zeichen: das Rascheln der unbearbeiteten Papierstapel. Die Angst vor der Inbox. Das blitzartig hereinbrechende Wissen um unangenehme Tatsachen, die sofort wieder verdrängt werden.

Viele Menschen teilen ihre Existenz mit Energiefressern. Ewig Aufgeschobenes, das immer, wenn es kurz seinen hässlichen Kopf erhebt, für akute Unzufriedenheit sorgt. Aber jetzt reicht es mir. Ich bin bereit, mich dem Weggeschobenen zu stellen – angefangen mit dem Fitnessstudio. Denn da gibt es eine kognitive Dissonanz: Ich *wäre* gerne jemand, der ins Fitnessstudio geht. Ich *bin* aber jemand, der das nicht tut. Im Endeffekt zahle ich für einen Traum. Es ist unangenehm, das zuzugeben. Aber als die Kündigungsbestätigung eintrifft, fühle ich mich erleichtert.

Die zweite Aufgabe betrifft eine unnötige Versicherung. Auch hier besteht der erste Schritt darin, mir einzugestehen, dass ich sie nicht brauche. Gerade bei Versicherungen fällt es mir schwer, an unlautere Absichten der beratenden Bank zu glauben. Ich kämpfe in solchen Kontexten immer gegen das Gefühl an, eine Autoritätsperson wolle nur mein Bestes. Ein Irrtum. Als ich besagte Versicherung kündigen will, weigert sich die Bank zunächst. Doch als ich direkt anrufe, teilt man mir mit, dass alles kein Problem sei, ich bräuchte nur die Zustimmung meiner Bankberaterin. Aha, denke ich, diejenige, die sagte, es ginge nicht? Die es so gut mit mir meint? Ich kündige umgehend.

Und dann gibt es noch den Endgegner – meine Altersvorsorge. Trotz heftiger innerer Widerstände habe ich vor einiger Zeit eine kleine fondsgebundene Rentenversicherung abgeschlossen. Vor allem, damit ich nie wieder daran denken muss. Bei jedem Blick auf den Abrechnungszettel fiel mir auf, dass mein bisschen Geld nicht mehr wurde, sondern weniger. Ich wusste nicht, woran das lag; es bereitete mir Unbehagen, und ich verdrängte es. Als ich einem Freund davon erzählte, meinte er, ihm gehe es genauso. Irgendwas stimmte da nicht. Aber was? Man könne es nicht herausfinden. Es war, als ob zwei abergläubische Dörfler auf ein verwunschenes Haus blicken würden: »Du, da drin spukt's fai.« Um sich dann wieder ihren üblichen Verrichtungen zu widmen.

Aber jetzt wollte ich es wissen. Ich fragte nach und fand eine horrende, sich anscheinend erst in zwanzig Jahren amortisierende Verwaltungsgebühr und idiotisch gestreute Fondsanteile. Daraufhin ließ ich mir die Verteilungsmöglichkeiten zuschicken; ein Faltblatt, das anscheinend selten angefordert und noch seltener ausgegeben wird. Meine Bankberaterin war indes recht einsilbig geworden. Ich wiederum besah das Faltblatt, recherchierte auf einer Börsenwebsite und konfigurierte meine Anteile neu. Am Schluss sah es nicht viel besser aus – aber ich fühlte mich besser. Viel besser.

Die eigene Existenz vollständig aufzuräumen, ist illusorisch. Das Leben ist und bleibt unordentlich, ebenso wie wir. Aber von Zeit zu Zeit den stinkenden Fisch unter den Dielen hervorzuziehen und wegzuwerfen, führt zu ganz realer Zufriedenheit.

Konsum

Die besten Dinge im Leben sind nicht die,
die man für Geld bekommt.

ALBERT EINSTEIN

Weihnachten ist ein Fest, an dem jeder Einzelne sein gelungenes Leben unter Beweis zu stellen hat. Eine glückliche Familie, ausgesuchte Geschenke und jede Menge Besinnlichkeit. Gleichzeitig steigen Depressionen, Verzweiflung und die Selbstmordrate. Wenn alle so tun, als wären sie zufrieden, geliebt und emotional ausgeglichen, wird das eigene Scheitern mehr und mehr zur Anklage.

Weihnachten. Ich empfinde diesen leisen Ärger, wenn ich im September die ersten saisonalen Leckereien im Supermarkt sehe. Der Ärger wird stärker, wenn ich im Oktober vor einem Bankautomaten stehe und dort mit den Worten »Der Weihnachtskredit: Machen Sie Ihre Wünsche wahr« begrüßt werde. Ja, ja. Eigentlich steht da: Beeindrucken Sie Ihre Familie und Freunde, denn wenn Sie es nicht tun, wird Sie niemand lieben. Sie Versager. Dann kommen die Geschenkvorschläge. Rabattaktionen. Und Vorteilspackungen.

Weihnachten ist keine Erfindung des Einzelhandels, aber sein bestes Zugpferd. Schon lange lassen sich Liebe und Erfolg durch Konsumgüter ausdrücken, so funktioniert zumindest die gängige Feiertagserzählung: Ich schenke, also bin ich.

Es gibt deshalb keine bessere Zeit, sich über Konsum Gedanken zu machen, und zwar in all seiner Ambivalenz. Etwas zu kaufen, ist nicht nur Egoismus und ökologische Rücksichtslosigkeit, sondern ebenso eine Form der gesellschaftlichen Teilhabe. Die Frage ist also nicht nur, ob wir kaufen, sondern auch was, wie und warum.

In den Wirtschaftswissenschaften wird zwischen *Positional* und *Non-positional Goods* unterschieden. *Positional Goods* sind alle Güter, die ihren Wert durch den Vergleich mit anderen Gütern bekommen; das reicht vom Einkommen über den Firmenwagen bis hin zur Größe meines Geschenkbergs. Sie sprechen also den Teil in uns an, der immer noch Fell trägt und dessen Wünsche sich auf eine einfache Aussage beschränken: mehr. Mehr Geld als die Kollegin, einen fetteren Wagen als der Nachbar und ein besinnlicheres Fest als die Elenden im Privatfernsehen.

Non-positional Goods hingegen haben ihren Wert in sich und sind dadurch unabhängig von unserem Hang zu Vergleichen, der uns am Ende meistens doch nur Unzufriedenheit beschert. Irgendjemand ist immer besser, reicher, schöner. Und vor allem – *die Welt ist nicht genug.* Jedenfalls nicht für den Neandertaler in uns.

Typische *Non-positional Goods* sind unsere Gesundheit, unsere Beziehungen und unsere Autonomie. Ich würde auch unsere Erinnerungen, unsere Erfahrungen und unseren Charakter dazuzählen. Alles Sachen, die wir nicht konsumieren können, sondern uns erobern müssen; vielleicht gehören sie uns deshalb auf eine Weise, die käufliche Dinge selten zu leisten vermögen.

Konsum wird tragisch, wenn man die beiden Arten von Gütern zu verwechseln beginnt. Wenn ein Auto meine Persönlichkeit ausdrücken soll, weil ich es nicht mehr kann.

Wenn gigantische Anschaffungen zur Weihnachtszeit meine darunterliegende Sprachlosigkeit kaschieren. Wenn ich mit irgendwelchem Zeug Liebe kaufen will, Anerkennung oder Teilhabe, die mir sonst verwehrt bleibt. Das Problem besteht darin, von materiellen Dingen immaterielle Werte zu erwarten. Aber kann Konsum nicht doch irgendwie glücklich machen?

Manchmal. Meine Tochter hat leuchtende Winterstiefel bekommen, die sie gar nicht mehr ausziehen will. Eine Freundin hat sich eine neue Matratze gekauft und spricht von lebensverändernden Schlaferfahrungen. Und neulich habe ich einen Familienvater in den späten Vierzigern getroffen, der mir glaubhaft versicherte, wie glücklich ihn sein silberner Sportwagen mit den dunklen Ledersitzen machen würde; ein Jugendtraum, den er sich verwirklicht hatte. Ich konnte mir vorstellen, wie gut ihm der Wagen stand; eher beiläufiges Accessoire als Sinnersatz. Aber vielleicht geht es genau darum: Wir müssen uns unsere Dinge zu eigen machen. Sie bewohnen. Denn sonst bewohnen sie uns. Und wir bleiben fremd im eigenen Leben. Oder unter dem Weihnachtsbaum.

Vom Schenken

Das Gute, welches du anderen tust,
tust du immer auch dir selbst.

LEO TOLSTOI

Weihnachtszeit. Kalte Winterluft, bunte Lichter, die schon am Nachmittag angehen, überall Menschen in den Innenstädten, alle mit einem Ziel: Geschenke kaufen. Glück haben, das Richtige zu finden, vielleicht sogar zu einem günstigen Preis. An Weihnachten wird unser Verhältnis zu den Dingen auf eine harte Probe gestellt, denn sie müssen das Beste an uns repräsentieren: Zuneigung, Originalität, Großzügigkeit. Manchmal geht es auch nur ums Protzen; als ich einmal ein Buch verpacken ließ, erzählte mir die Verkäuferin von einem Mann, der einen teuren Schuber erwarb und sagte: »Lassen Sie den Preis dran, der soll ruhig sehen, was er mir wert ist.«

Geben ist seliger denn Nehmen, das ist bekannt. Wenig macht glücklicher als andere zu beschenken, wenig ist unfeiner, als eine Gegenleistung zu erwarten. Ein echtes Geschenk ist eine in sich abgeschlossene Handlung und darf weder aufgerechnet noch mit irgendwelchen Forderungen verknüpft werden. Die Freude des Schenkens liegt im Schenken selbst. Und wirklich, es ist ein wunderbares Gefühl, etwas Besonderes für einen lieben Menschen entdeckt oder gemacht zu haben und sich vorzustellen, wie der oder die andere sich freuen wird. Das ist oft beglückender, als selbst etwas zu bekommen.

Schenken ist eine facettenreiche Kunst. Besonders schön sind unerwartete Gaben ohne Anlass, denn wenig erfreut uns mehr als angenehme Überraschungen. Aber es gibt auch die klassischen Anlässe: Geburts-, Namens- und Jahrestage sowie religiöse Feste. An Weihnachten ist alles dabei: Jemand hat Geburtstag, es ist irgendwie heilig, und alle fühlen sich berufen, ihren Lieben etwas Besonderes zu überreichen. Aber wie findet man das richtige Präsent?

In Wahrheit sprechen wir doch alle die ganze Zeit davon, was wir wollen, erstreben, entbehren. Man muss also einfach nur zuhören. Manchmal hilft es aber auch, gezielt nachzufragen. Als ich neulich mit meiner kleinen Cousine beim Kuchenessen saß, fragte ich sie ganz direkt, was sie sich denn wünsche. Augenblicklich ratterte sie eine riesige Liste von Büchern herunter, mit genauer Titel- und Verlagsangabe. Dann sagte ich: »Du kriegt das mit den Drachen von mir, okay?« Sie strahlte. Ich strahlte. Kinder machen es einem oft einfach. Sie sagen ganz genau, was sie wollen, wo man es kaufen kann und wie viel es kostet. Jeder, der denkt, dass sie in Wahrheit lieber von etwas ganz Unerwartetem überrascht werden wollen, irrt. In dieser ungewissen Welt ist es wichtig, immer mal wieder genau das zu bekommen, was man sich wünscht. Das gibt Sicherheit. Und gilt auch für Erwachsene.

Ebenso hilfreich ist das Beobachten. Woran kleben begehrliche Blicke? Was fehlt jemandem in der Ausstattung? Was ist alt und brüchig geworden und könnte durch etwas luxuriöses Neues ersetzt werden? Menschen verraten ihre Wünsche immer, ob offen oder verdeckt. Wir müssen nur aufmerksam sein. Diese Aufmerksamkeit ist eine der zärtlichsten Formen der Liebe. Genau darin liegt das Glück des Schenkens.

Jemanden zu kennen bedeutet, sich in seine Bedürfnisse hineinversetzen zu können. Geschenke können die Idee, die wir von einem anderen haben, bestätigen oder ihm eine neue Idee anbieten. Wichtig ist, vom anderen, nicht von sich aus zu denken. Um auf diese Weise dem Beschenkten mit unserer Gabe zu zeigen, dass wir ihn sehen und wertschätzen. Das ist dann der Kern eines guten Präsents – es ist kostbar. Dabei kommt es nicht darauf an, ob dieser Wert in seiner Schönheit, seiner Einzigartigkeit oder seiner Verarbeitung liegt.

Wir müssen nicht verschenken, was wir selbst begehren, aber alles, was wir verschenken, sollte von der gleichen Qualität sein, die wir auch uns selbst zusprechen würden. An einem großzügigen Tag.

Weihnachten

Ein alter Mann: ein Kind mit Vergangenheit.
ŽARKO PETAN

Was ist das Unerträglichste an Weihnachten? Ich glaube, es sind die Erwartungen – auch sonst die größten Feinde des Glücks. Erwartungen und ihre hässlichen Geschwister: Heuchelei, Lüge und Scham; eingefasst vom wortlosen Abgrund zwischen Wunsch und Wirklichkeit.

Wenn wir versuchen, auf Dauer dem Bild, das andere sich von uns machen, zu entsprechen, werden wir unglücklich. Daraus entstehen auch viele Konflikte zwischen den Generationen, die nur durch die gereifte Einsicht gelöst werden können, dass es gar nicht möglich ist, den Erwartungen der Eltern zu genügen. Und: Die haben es bei ihren Eltern wahrscheinlich selbst nicht geschafft. Das sollte im besten Fall beide Seiten entspannen, auf dass man einander begegnet, anstatt sich zu beurteilen. Vor allem an Weihnachten.

Doch will der Mensch besonders gut sein, ist das Böse meist nicht fern. Wollen wir uns endlich mal zusammenreißen, der ganzen Familie, der Welt und Baby Jesus zeigen, dass wir anständige Menschen sind, besinnliche, tolerante und großzügige Leute, bricht irgendwo eine Kruste auf, und Unerledigtes ergießt sich in die traute Zeit. Immer an Weihnachten. Aber wie können wir es besser machen?

Wir Menschen sind alle lebendig, also komplex, vielfältig

und widersprüchlich. Und wir sind nicht allein in unserem Kopf. Da wohnt auch der Mensch, der wir einst waren, der Mensch, der wir geworden sind, der Mensch, der wir nicht geworden sind, der, der wir sein werden, der, der wir sein wollen, und noch ein paar Leute, von denen wir noch nie etwas gehört haben. Unsere Seele schillert in vielen Farben, und von Zeit zu Zeit ändern wir uns auch. Jede Reduktion durch andere ist schmerzhaft, unfair, bedrückend. Das gilt natürlich ebenso für unsere eigenen Erwartungen an Eltern, Kinder, Familie und Freude.

Die Anerkennung unserer Lebendigkeit hilft auch an Weihnachten. Gewisse Erwartungen ans Fest und an die anderen verblassen, sobald wir uns bewusst machen, dass es um Menschen und nicht um Bilder geht. Und dass jeder von denen, die gerade festlich gewandet am Tisch sitzen und Kompetenz verbreiten, einst selbst mit großen Augen auf die Lichter geschaut hat.

Jeder von uns ist ein Kind mit Geschichte. Und wenn man genau hinschaut, kann man sie noch sehen, die Kinder, egal, wie alt die Haut drumherum geworden ist. Dieser Blick hilft. Er befreit uns – und sei es nur für einen Moment – von den Göttern, die Eltern und andere Erwachsene einst für uns waren. Und in den unpassendsten Augenblicken immer noch sind. Die schweigsame Tante, der redefreudige Onkel, der besorgte Schwiegervater, die energische Mutter – irgendwo steckt auch in ihnen noch das Kind, das sie einst waren. Dieses Kind für einen Augenblick durch alle Masken und Formen schimmern zu sehen, ist ein großes Glück. Und schafft eine ganz andere Art von Verständnis füreinander.

Wir teilen unsere kostbare Zeit miteinander, wir alle haben Narben, wir alle sind an irgendwelchen Punkten gescheitert, wir alle bemühen uns beizeiten und lassen uns zu anderen Gelegenheiten gehen. Es ist egal. Wir sind nicht allein. Wir sind Teil einer langen Kette von Menschen, denen, die vor uns waren, und denen, die nach uns kommen. Und unsere eigene Sippschaft ist nur ein kleiner bunter Fleck in einem riesigen Gemälde. Aber: unser Fleck.

Nichts ist für Privatarchäologie besser geeignet als die Feiertage. Meist wird allerdings das sattsam bekannte alte Zeug aufgewärmt, und es entsteht dieser lähmende Familienmief, den man nur mit innerer Emigration und zu viel Essen und Alkohol übersteht. Aber seit Indiana Jones wissen wir, dass der wahre Archäologe mutig ist, geschickt und ausdauernd. Die meisten Leute antworten, wenn man nur geduldig fragt.

Wie ist es gewesen? Wie war ich als Kind? Und wie warst du früher, was hast du gehofft, was hast du gefürchtet, wovon hast du geträumt? Hast du geliebt? Hast du gelitten? Und was willst du mir mitgeben?

Doch es geht nicht nur darum, sich selbst und die eigenen Familienmitglieder besser kennenzulernen. Sondern auch um einen Überblick über die Familiengeschichte, die man sich anhören sollte, bevor alles dem Vergessen anheimfällt. Am besten aus mehreren Perspektiven. Besser als Fernsehen. Manchmal. Frohes Fest.

Vom Wünschen

Wünsche sind nie klug.
Das ist sogar das Beste an ihnen.
CHARLES DICKENS

Weihnachten ist vorbei, das neue Jahr steht bevor. Beides ist getrennt durch ein paar undefinierte Tage, eine Zwischen-zeit, ein Nicht-mehr und ein Noch-nicht. Gut geeignet, um sich an der Gegenwart seiner Liebsten zu wärmen, zu viel zu essen, ohne es eine Sekunde lang zu bereuen, und um lange Spaziergänge zu machen. Aber vor allem: nicht nur eine gute Zeit für Vorsätze, sondern auch eine gute Zeit fürs Wünschen. Was wünsche ich mir? Wie soll es laufen, wenn es gut läuft? Was sind meine Hoffnungen fürs neue Jahr, und welche Ereignisse würden mich glücklich machen?

Wünschen repräsentiert die spielerische Seite unseres Willens, die kindliche, poetische. Ich will dichten lernen, ich will das Weltall bereisen, ich will, dass mein Kind ein guter Mensch wird. Ich wünsche mir eine gerechtere Welt, mehr Respekt vor der Natur, dass kein Lebewesen mehr unnötig leiden muss. Ich würde gerne fliegen können, ich möchte mit Bäumen und Pflanzen zusammenleben, ich wäre gerne reich. Einige Wünsche sind persönlich, andere betreffen den Zustand der Welt. Einige sind erfüllbar, anderen liegt die stille Sehnsucht zugrunde, das Universum solle, seinen gleichgültigen Lauf aufgebend, endlich die Worte sagen: Du bist auserwählt, ohne dein Zutun, ohne Gründe, einfach, weil du so bist, wie du bist. Gerade dich will ich dem Zeitenlauf entheben, golden bepudern, mit allen erdenklichen Wohltaten überschütten und heimführen in die ewige Seligkeit, die von jeher dein Geburtsrecht war.

Leider geht gerade diese Art von Wünschen selten in Erfüllung. Stattdessen sind die Mitmenschen borstig, das Konto ist leer, und beim Bäcker werde ich angeschnauzt. Was mich keinesfalls vom Wünschen abhält, dieser zwiespältigen und doch so lustvollen Kunst. Eine, die sich auch gut für Listen eignet.

Zum Beispiel für eine Neujahrsliste, auf der wir nicht nur festhalten können, wohin es gehen soll, sondern auch, was wir uns im Innersten ersehnen. Alles beginnt damit, uns selbst richtig zuzuhören. Bei Vorsätzen ist das meist kein Problem, aber manche Wünsche sind so unmäßig oder exzentrisch, dass wir sie nicht einmal vor uns selbst zugeben wollen. Andererseits – welche Zeit eignet sich besser als diese kurze, von Nostalgie und Hoffnung durchwebte Zwischenzeit, als endlich einmal zu formulieren, was uns im Offenen oder Geheimen wirklich erstrebenswert erscheint? Ein schiefes Gebet an ein gleichgültiges Universum ...

Aber Vorsicht. Wünschen ist vielleicht doch nicht nur ein folgenloses Spiel zwischen den Jahren. Wünschen ist gefährlich. Vor allem dann, wenn wir das, was wir unüberlegt ersehnen, auch wirklich bekommen. Der Philosoph Slavoj Žižek bemerkt in *The Pervert's Guide to Cinema*, seiner filmischen Hommage ans Kino und die Psychoanalyse, dass Träume, die sich erfüllten, meist zu Albträumen werden. So fangen die meisten Horrorfilme an: Der tote Geliebte kehrt wieder, aber als Geist, der uns heimsucht; jemand erbt ganz viel Geld, aber nur, weil seine ganze Familie versehentlich ausgelöscht wurde; eine andere fliegt zum Mond – als letzte Überlebende der menschlichen Spezies, von einem wahnsinnigen Computer bedroht.

Das ist das Unheimliche an den Wünschen. Zu viel Zensur lässt sie im Dunkeln zurück, zu wenig Zensur führt dazu, dass wir eventuell etwas bekommen, dessen Konsequenzen wir nicht überblicken können. Denn vielleicht ist das Universum doch nicht immer gleichgültig. Mir scheint vielmehr, als ob es manchmal sogar einen perfiden Sinn für Humor besitzt und ich bei dieser oder jener Misslichkeit nach gewissenhafter Seelenbefragung zugeben musste, mir so etwas Ähnliches in einer unbedachten Minute durchaus gewünscht zu haben.

Wünschen will also gelernt sein. Ein guter Anfang ist es, beim Erstellen einer Neujahrsliste nicht den Menschen, der wir sind, sondern den Menschen, der wir sein möchten, als Wünschenden vor Augen zu haben. Einen, der anständiger ist als wir, kultivierter und großzügiger, auch dem eigenen Begehren gegenüber. Ihn lassen wir die Liste verfassen. Mit viel Raum für beglückende Unwahrscheinlichkeiten und einer gewissen Vorsicht gegenüber allzu egoistischen Regungen. Überlegte Unschuld ist der schönste Schmuck des Wunsches. Und der beste Schutz gegen seine heimtückische Erfüllung.

Von der Schwere

Unsere Wünsche sind die Vorboten
der Fähigkeiten, die in uns liegen.

DICHTUNG UND WAHRHEIT,
JOHANN WOLFGANG VON GOETHE

Hier ist das neue Jahr, dort sind wir, und dazwischen alles, was sein könnte, sollte, wird. Am schönsten sind Wünsche, die sich erfüllen, ohne dass wir wussten, dass wir sie hegten. Als hätte das Universum unsere bislang nichtexistierende Lieblingsfarbe angemischt, und ihr Anblick wäre wie Heimkommen. Die meisten unserer Wünsche sind uns jedoch bewusst, und jeder hat vor sich einen Bauchladen der Bedürfnisse und Begehrlichkeiten ausgebreitet. Und der guten Vorsätze. Auch hier bleibt die Frage: Bewegen wir uns bei dem, was wir uns vornehmen, zu uns hin oder von uns weg?

»L'homme est lourd«, sagt der Philosoph Camille de Toledo. Der Mensch ist schwer. Doch überall wird seit Jahren das Gegenteil verkündet, dieses Lied von Leichtigkeit, Flexibilität und unendlicher Anpassung: Du kannst alles sein, was du willst, alles werden, tun, erfahren, denn dein Leben liegt allein in deiner Hand. Ein schönes Lied, ein Neujahrslied. Wie verführerisch ist es, sich vorzustellen, jetzt endlich damit anzufangen, die zu werden, die man schon immer sein wollte – neues Jahr und prächtiger Schwung. Als wären wir leicht. Als wäre das nicht eine der schlimmsten Lügen der Gegenwart, als wäre ihre Kehrseite nicht unendlicher Druck und stille Verzweiflung. Wenn mein Leben allein von mir abhängt, bin ich auch an allem selbst schuld. An meiner Sehnsucht, meinem Scheitern, meiner Sterblichkeit.

Der Neoliberalismus hat viele strukturelle Probleme in den Einzelnen hineinverlagert. Probleme, die wir gar nicht alleine lösen können – Klimaschutz beispielsweise oder die ungerechte Verteilung von Reichtum und Ressourcen. Und auch wir selbst sind uns nicht vollkommen verfügbar, geschweige denn transparent.

Der Mensch ist schwer. Ich trage meine Narben, meine Versäumnisse, meine Geschichte. Nichts davon kann ich ändern. Ich habe Entscheidungen getroffen, Entscheidungen wurden für mich getroffen. So ist es eben. Ich kann nicht alles erleben, weil die Welt unendlich groß ist und ich beschränkt bin. In unserer Schwere aber liegt unsere Würde. Paradoxerweise liegt sie auch in unserer Leichtigkeit; in unserem Humor, unserer Zärtlichkeit und unserer Selbstironie.

Es tut gut, uns leicht zu nehmen. Doch wenn wir dabei gegen unsere Schwere arbeiten, werden wir unglücklich. Das betrifft vor allem das Bild, das wir von uns haben möchten. Die Anforderungen an ein gelungenes Ich sind immer anspruchsvoller geworden. Was sollen wir Menschentiere nicht alles sein dieser Tage: schön, sexy, erfolgreich, sensibel, informiert, originell, beliebt, vernetzt, gesund, beweglich, intelligent, sportlich, fortgepflanzt. Wie schillernde Geschöpfe springen diese Adjektive umher, und gewonnen hat, wer sich mit den meisten schmücken kann. Das heißt dann Individualität. Was für ein Irrsinn!

Ich glaube, das Einzige, was uns wirklich möglich ist, ist uns zu bemühen, dem Menschen, der wir sein könnten, gerecht zu werden. Es zu versuchen, zu scheitern, es wieder zu versuchen. Ein Leben lang. Und ich bezweifle, dass auch jahrelanges Bemühen mehr hervorbringt als Momente der Stimmigkeit und ein generelles Gefühl der Annäherung. Da kann man sich eigentlich locker machen. Ist doch nur das Leben; das kurze, wundervolle, unbegreifliche Leben. Deshalb ist es nicht besonders klug, sich jahrelang mit unlösbaren Aufgaben zu quälen. Wenn die acht Kilo zu viel uns schon seit einer Dekade begleiten, dann werden sie es wohl auch die nächste Dekade lang tun. Wenn die Joggingschuhe seit Äonen verstauben, war das vielleicht nicht der richtige Sport. Besonders jene Vorsätze, die sich alle Jahre wieder melden, sollten gründlich geprüft werden. Will ich das wirklich? Oder denke ich nur, dass ich das wollen sollte?

Wenn wir glücklich sein wollen, müssen wir unsere Schwere ernstnehmen. Anstatt darüber nachzudenken, wer wir sein wollen, müssten und könnten, sollten wir uns überlegen, wer wir bereits sind. Was keinesfalls bedeutet, dass wir alles einfach so hinnehmen müssen. Der Satz »So bin ich eben« – er kann Befreiung sein oder Bequemlichkeit. Das wissen wir allein. Und das sollten wir bedenken, wenn wir alle Jahre wieder versuchen, ein anderer Mensch zu werden.

Vorsätze

Das neue Jahr, ein halbeingelaufener Schuh. Noch sind die Vorsätze frisch. Energisch stemmen sie sich gegen alte Gewohnheiten. Noch ist da die Hoffnung, diesmal könnte es klappen. Mit dem Nichtrauchen, dem Nichttrinken, dem Sportmachen und der Pünktlichkeit.

Glücklich ist, wer sich erlaubt zu wachsen. Wohl wissend, dass einiges sich auch nicht mehr ändern wird und dass unsere Schwere umarmt gehört, anstatt gescholten. Aber vieles können wir beeinflussen, jeden Tag, jede Minute, jeden Augenblick.

Erwünschte Veränderungen besitzen normalerweise zwei Modi: etwas beginnen und etwas unterlassen. Wie beginnt man etwas? Vorsätze sind meist umso nutzloser, desto abstrakter sie sind. Die meisten von uns könnten sich wahrscheinlich auf die übliche Liste einigen: mehr Bewegung, weniger Konsum, mehr Muße, weniger Smartphone, mehr Liebe, weniger Stress. Doch diese Verallgemeinerungen sind ungefähr so hilfreich wie Sätze in der Art von: »Jetzt lass dich doch nicht so gehen« oder »Du schaffst es, wenn du nur willst«. Wir werden weder persönlich angesprochen noch zu irgendeiner echten Antwort angehalten.

Viel besser ist es, vom Allgemeinen zum Konkreten zu gehen. Mehr schreiben? Ja, ja, schön wär's. XY Seiten pro Woche schreiben? Puh, ganz schön viel, aber schon greifbarer. Jeden Wochentag von zehn bis zwölf am Schreibtisch sitzen, komme was da wolle? Präzise, energisch, Erfolg versprechend. Alles, was unsere abstrakten Vorstellungen in verbindliche Handlungsanweisungen verwandelt, hilft unseren Vorsätzen, Realität zu werden.

Die andere Art der Veränderung führt von etwas weg. Weg von den Zigaretten, dem Junkfood, den Stunden im Internet. Weg von mir und eben dadurch hin zu mir; eine seltsame Bewegung, zu der nur der Mensch fähig scheint. Doch bevor man etwas lassen möchte, gilt es, das eigene Entsagungsverhalten zu beobachten.

Bin ich ein Enthalter oder ein Maßhalter? Also entweder der Ganz-oder-gar-nicht-Typ oder der Nur-ein-bisschen-dann-hör-ich-auf-Mensch? Das klingt vielleicht banal, ist aber wichtig. Denn Rückfälle in unerwünschtes Verhalten entstehen vor allem dann, wenn Enthalter glauben, sie seien Maßhalter. Und dann die Kurve doch nicht kriegen. Ich selbst bin eine typische Enthalterin und habe lange gebraucht, um zu verstehen, dass ein bisschen Süßigkeiten oder ein bisschen feiern bei mir nicht stattfinden werden. Als Reaktion darauf plane ich mittlerweile kleine und große Maßlosigkeiten: heute alles, dafür den Rest der Woche nichts.

Mit einer schlechten Gewohnheit zu brechen, bedarf zunächst einer klaren Entscheidung. Daraufhin gilt es, ein spezifisches Ziel anzuvisieren und dann ein Gefühl für die verschiedenen Etappen zu bekommen. Bis wir nicht nur das große Ganze kennen, sondern auch wissen, wie der erste kleine Schritt beschaffen ist. Bei allen Veränderungen, mit denen es uns wirklich ernst ist, gibt es kein Versagen, nur Umwege, solange wir nicht aufhören, uns zu bemühen. Denn Nichtraucher, Nichtfresser oder Nichtsurfer wird man nicht auf einmal, sondern von Sekunde zu Sekunde wieder.

Oft trennt nur ein winziger Augenblick der Nachgiebigkeit die Rückfälligen von den Beständigen. Doch jede Versuchung geht auch wieder vorbei. Ablenkung ist der beste Freund der frischgebackenen Abstinenten, Ablenkung und Willenskraft. Trotzdem bleibt es schwer. Und wir sollten uns alle nur erdenkliche Unterstützung suchen.

Wenn man beispielsweise nicht zu den beneidenswerten Maßhaltern gehört, denen es gelingt, ihre Genüsse zu kontrollieren, anstatt ihnen anheim zu fallen, ist es ratsam, topologische Vorkehrungen zu treffen. In Bars wird getrunken, in Clubs wird geraucht, und alles, was wir einkaufen, essen wir auch. Sich genau dort aufzuhalten, wo die Versuchung nicht ist, erleichtert den Abschied. Und klare Vorgaben helfen beim Durchhalten.

Das Konkrete ist unser bester Verbündeter, wenn es darum geht, unsere Vorsätze umzusetzen. Es bewahrt uns vor abstrakten Träumereien und diffusen Erwartungen. Und schenkt uns eine tiefe Befriedigung: das stille Glück der Selbstüberwindung.

Mach es gleich

Der Mensch trägt gern. Kleider, Verantwortung, imaginäre Lasten. Besonders Letztere sind ein zuverlässiger Feind des Glücks. Auch wenn man das Glück hat, in Freiheit und Sicherheit leben zu dürfen, ist es nicht immer leicht, ein Mensch zu sein. Am Anfang des Jahres erscheint es manchmal sogar besonders schwer. Denn in dieser Zeit gibt es nicht nur viel zu erledigen, auch das Leiden am Erledigungsdruck erreicht ungeahnte Ausmaße.

Schuld daran ist unsere Fähigkeit, uns an einem Ort aufzuhalten und zugleich an einem anderen zu sein. Ich sitze vor meinem Computer und muss ein paar Mails beantworten. In Wirklichkeit bin ich aber an einem unangenehmen Ort, an dem ich darüber nachdenke, wie viele Mails ich noch beantworten muss, dass ich es jetzt aber gleich machen muss, wirklich, dass ich schon wieder Zeit damit verschwende, darüber nachzudenken, anstatt es einfach zu machen, machen, machen, dass ich einfach eine disziplinlose Versagerin bin, wie schon damals und ...

Man sollte sich einen Namen für diesen Ort ausdenken, vielleicht: das Tal der Tränen. Dort wird geklagt, gezetert und gejammert und dabei ein ganz hässliches Bild von einem selbst entworfen, das wieder neue Gründe für weitere Klagen liefert. Das Tal der Tränen ist einer der schlimmsten Orte der Welt, und Glück ist, da nie wieder hinzumüssen. Aber wie?

Das mit den E-Mails ist wirklich bedrückend. Mein Freund D., der in einem großen Büro sitzt, macht oft den ganzen Tag nichts anderes, als Mails zu beantworten. Lebensgefühl Zombie. Aber es hilft nichts: Die E-Mail ist Fluch und Freude gleichermaßen, und ohne geht's jetzt auch nicht mehr. Also müssen Strategien her, das Leiden zu verringern.

Eine davon lautet: Mach es gleich. Anstatt achtmal so viel Zeit mit dem inneren Besprechen und Nacherzählen der Aufgabe zu verbringen, als mit ihrer tatsächlichen Durchführung. Denn das Machen ist meistens gar nicht so schlimm. Das Leiden am Leiden ist schlimmer und die Schuldgefühle.

Hier geht es nicht um falsche Effizienz, sondern um Selbstschutz. Denn wir haben alle einen Bürokraten im Kopf sitzen, der alles Unerledigte akribisch notiert und uns in immer kürzeren Abständen darauf aufmerksam macht: Du musst dem K. noch zurückschreiben. Ja, ja, ich weiß, mach ich später. Am Tag darauf: Du wolltest ihm schon gestern antworten. Du, ich hab hier gerade ganz viel zu tun, ich mach das schon. Und so weiter. Elendsenergie.

»Mach es gleich« ist auch Teil des GTD(*Getting Things Done*)-Universums, einem Lebensbewältigungssystem, das mit Listen, Prioritäten und Etappenschritten arbeitet. Dort spricht man von der Zwei-Minuten-Regel: Alles, was man innerhalb von zwei Minuten erledigen kann, sollte sofort erledigt werden. Dahinter steht die tiefe Wahrheit, dass wir unsere kostbare Lebenszeit nicht dem Ertrinken in Trivialitäten oder dem Hausbau im Tal der Tränen widmen sollten. Zeit ist kostbar, und alles, was erledigt ist, schafft Raum für wichtigere Dinge: Liebe, Freundschaft, neue Eindrücke.

Oder die lebensnotwendige Kunst des Brachliegens. Denn auch die gelingt nur, wenn diese Stimme nicht ständig sagt: Du musst dem K. noch zurückschreiben.

Unser Leben wird nie vollständig aufgeräumt sein. Aber es spart tatsächlich Energie und Zeit, Kleinigkeiten sofort anzugehen. Das Beste ist, dass man sich daran gewöhnt und irgendwann fast automatisch handelt. Und weil wir alle meist auch gern ein gutes Tier sein wollen, lässt jede kleine Aufgabe, die wir abschließen, ein wärmendes Glücksgefühl zurück.

Zufallsmaschinen

Der Zufall ist der einzig legitime
Herrscher des Universums.
NAPOLEON

»Es gibt nichts Neues unter der Sonne.« Dieser biblische
Satz stammt sicher von einem klugen Menschen, aber auch
von einem, dem wahrscheinlich ziemlich langweilig war.
Gut, wir leben, wir sterben und dazwischen großes Gezeter.
Andererseits entfaltet sich die unbegreifliche Schönheit
der Welt jede Sekunde aufs Neue, kein Augenblick gleicht
dem anderen, und jeder frische Tag birgt neue Chancen auf
Wachstum und Veränderung.

Trotzdem brauchen wir Routinen, so sind wir gebaut. Unser Gehirn funktioniert als Filter, der die Mannigfaltigkeit
des Seins in handhabbare Häppchen unterteilt und mit Kli-
schees und Reduktionen die allzu wilde Welt bewohnbar
macht. Doch wenn alles geheimnislos, berechenbar und geklärt erscheint und Routinen unser einziger Kontakt zum
Leben sind, fangen wir an, innerlich zu verkümmern.

Glück ist paradox, wie wir. Es braucht Kontrolle und Sicherheit ebenso wie Begeisterung und Intensität. Ein Garant
für Letzteres ist der Zufall, ein entfernter Verwandter des
Schicksals. Die Beziehung der beiden ist unauslotbar – fällt
uns zu, was uns bestimmt ist? Aber was ist mit unnötigem
Leid – war das auch vorherbestimmt? Den Zufall als Hand-

langer des Schicksals zu begreifen, macht nur in der Rückschau Sinn. Auch, weil wir ihn gerne dazu machen, da wir nicht nur zu Routinen neigen, sondern ebenso dazu, sinnvolle und aufeinander aufbauende Geschichten über unser Leben zu erzählen. Gerade deshalb ist es notwendig, den blinden, oft grausamen Zufall von jeglicher ihm innewohnenden Schicksalshaftigkeit zu befreien. Manches Unglück ist sinnlos, manches Leid hat keine tiefere Bedeutung. Der Zufall ist und bleibt unergründlich – Motor der Evolution, Zerstörer von Weltreichen, Verteiler und Vernichter riesiger Geldmengen. Er hat aber auch eine verspielte, beinahe zähmbare Seite, und wir können ihn durchaus anlocken und ihm schmeicheln. Nur wie?

Der Zufall mag Abwechslung und zeigt sich gern, wenn wir mit Routinen brechen, indem wir auf einem anderen Weg zur Arbeit gehen, einen unbekannten Ort besuchen oder einfach mal stehenbleiben und die Welt an uns vorbeiziehen lassen. Oft begegnen mir auch Zufälle, wenn ich einer Laune oder einer Intuition folge. Sie zeigen sich als unerwartete und bereichernde Begegnungen oder als konkretes Hineinlaufen in etwas, das mich inspiriert oder mir hilft. Zufälle zeigen sich auch, wenn man mit einem neuen Projekt oder Thema beginnt und dabei die Erfahrung macht, dass sich auf einmal von allen Seiten hilfreiche Hinweise und ungeahnte Verknüpfungen ergeben und die ganze Welt plötzlich von Ameisen, amerikanischer Frühgeschichte oder Atommodellen zu reden scheint.

Der Zufall belohnt also Anfänge und neue Wege ebenso wie Umwege und eine gewisse erwartungslose Offenheit. Es ist sinnvoll, immer wieder solche kleinen Zufallstürchen offen zu halten, denn in die dunkle Festung allzu starrer Tage dringt kein goldenes Glück hinein.

Das Internet hingegen ist ein großer Zufallsvernichter. Einerseits findet man meist nur das, was man gesucht hat. Andererseits sorgen immer klarer definierte Filterbubbles dafür, dass man nur das zu sehen bekommt, was man erwartet. Dabei gibt es nichts Schöneres, als immer wieder überrascht zu werden. Dafür brauchen wir Zufallsmaschinen. Eine der ältesten Zufallsmaschinen ist die gedruckte Zeitung, vor allem das Feuilleton. Jeden Tag findet sich dort ein Sammelsurium an Weltbruchstücken und unzusammenhängenden Informationen. Wer regelmäßig dort herumliest, hat zumindest die Chance, immer wieder erstaunt zu werden.

Meine liebste Zufallsmaschine ist jedoch das DVD-Regal meiner örtlichen Bibliothek. Hintereinander gestapelt und buchstabenweise liegen dort Filme über Filme. Es hat etwas von einem freundlichen Laden, in dem ich mich einfach bedienen kann; das Ausleihen kostet nichts, und ich darf jeden Film zwei Wochen behalten. Seltsamerweise ist das ein vollkommen anderes Gefühl als bei Amazon oder Netflix zu suchen – persönlicher, großzügiger. Ich wage Experimente. Ein Wikingerfilm von Mario Bava, grandios. *Euphoria*, ein einfach mal so mitgenommener sibirischer Film, fantastisch; seine Bilder haben mich nicht mehr losgelassen. Dokumentationen. Kunstfilme. Hollywoodkino. Es gibt bei jedem Besuch Neues zu entdecken, und ich bin noch nie ohne einen unerwarteten Schatz nach Hause gekommen. Welch ein Luxus. Bibliotheken gehören definitiv zu den größten Errungenschaften der Zivilisation, und sind, was mich betrifft, auch ein kostbarer Lieferant von Unvorhersehbarkeiten. Was für ein Glück!

Die innere Mannigfaltigkeit

Ein menschliches Wesen sollte in der Lage sein,
Windeln zu wechseln, eine Invasion zu planen,
ein Schwein zu schlachten, ein Haus zu entwerfen,
ein Schiff zu steuern, ein Sonett zu schreiben,
Buchhaltung zu beherrschen, eine Mauer zu errichten,
einen Knochen zu schienen, einen Sterbenden zu
trösten, Befehle zu akzeptieren, Befehle zu erteilen,
mit anderen zusammenzuarbeiten, selbständig zu
handeln, eine Gleichung zu lösen, ein Problem zu
analysieren, einen Stall auszumisten, einen Computer
zu programmieren, ein gutes Essen zu kochen,
effektiv zu kämpfen und schließlich ritterlich zu
sterben. Spezialisierung ist was für Insekten.

ROBERT HEINLEIN

Sexy. Seriös. Sportlich. Ehrgeizig. Einfühlsam. Early Adopter.
Ach, ihr seid's! Die schillernden Tierchen, mit deren Fell wir
uns schmücken sollen, wenn wir es zu etwas bringen wollen in diesem Leben. Authentisch. Ausdrucksstark. Anders.
Und natürlich erfolgreich, der König unter den wünschens-
werten Eigenschaften, und seine strahlende Königin: individuell. Ach ja. Da kann einem die gute Laune schon vergehen, vor allem an den schlechten Tagen, an denen ich fad
und krumm und unverwertbar bin.

Doch obwohl ich immer wieder versuche, Abstand von

diesen maßlosen Forderungen zu nehmen, gehören sie doch zu dem, was man in unserer Gesellschaft gerade so macht und will. Das wird verstärkt von den sozialen Medien, wo einerseits Jugendwahn, Erfolgsprotzerei und Egokult betrieben, andererseits Falten, Speckröllchen und graue Haare gefeiert werden und persönliches Leid viel Aufmerksamkeit bekommt. Wichtig ist dabei nur, dass die Bilder gut aussehen. Dass das Präsentierte anschlussfähig ist. Und dass man schnell antwortet, wenn jemand ein paar Herzchen dagelassen hat.

Das sind die Wünsche, Praktiken und Gebete einer psychotischen Gesellschaft. Wer alles auf einmal sein will, ist nicht glücklich, sondern ein Profilneurotiker. Und wer sich ständig echt und authentisch zeigen will, verrät den Teil von uns, der sich nicht in Worten und Bildern ausdrücken lässt. Der Mensch ist schwer. Alles andere sind wohlfeile Lügen, die uns nicht nur unendlich beschäftigen, sondern uns auch dazu bringen wollen, Dinge zu erwerben, deren angepriesene Eigenschaften durch seltsame Magie auf uns übergehen sollen. Schon Kant schrieb in seinem Aufklärungsaufsatz über Bücher, die für uns Verstand haben. Heute besitzen unsere Accounts für uns Lifestyle und unsere Funktionskleidung Wildnis, während unsere Schuhe für uns sportlich sind.

Dennoch ist Vielfalt ein erstrebenswertes Gut und glücklich der, dessen Leben viele Facetten hat. Es ist alles eine Frage der Perspektive. Bei der psychotischen Anschauung geht der Weg von außen nach innen. Behängt mit immer neuen Produkten, Lebensstilen und Meinungen, soll die dadurch ausgedrückte Persönlichkeit in allen Farben des Regenbogens schillern. Sie schillert nicht. Sie flirrt und lärmt und rennt, und unserer Seele sind wir kein Stück nähergekommen. Der andere Weg führt von innen nach außen. Ich werde reich durch die Situationen, in denen ich handelnder Mensch bin, im Hellen und im Dunklen, in der Freude, in der Trauer und in der Anteilnahme. Unsere Selbsterfahrungen sind stille Orden, sie schmücken uns, ohne zu protzen.

Glücklich ist, wer von der äußeren Mannigfaltigkeit Abstand nehmen kann, um sich der inneren Mannigfaltigkeit zu widmen. Es gibt unendlich viele Dinge, die wir tun können: das Alltägliche, das Besondere, das Jahreszeitengemäße. Alles, was uns das Leben handelnd erfahren lässt, anstatt es bloß häppchenweise zu konsumieren. Unsere Fähigkeiten sind ein unerschöpflicher Quell der Zufriedenheit. Kochen, malen, fotografieren, Dinge reparieren, Computer programmieren, Gedichte schreiben. Und wenig macht glücklicher, als sich etwas Neues anzueignen. Mit einer Freundin habe ich einmal einen Goldschmiedekurs an ihrer Universität gemacht. Ich lernte Gold zu gießen, es zu ziehen, zu walzen, zu löten, zu punzieren, zu polieren. Am Ende entstand ein kleines Schmuckstück. Es ist mir kostbar, aber kostbarer ist das Gefühl, mich seitdem in einer solchen Werkstatt ein wenig zu Hause zu fühlen.

Vielleicht geht es genau darum: Wir sind glücklich, wenn wir uns in der Welt zu Hause fühlen. Oder in vielen kleinen Welten. Denn nur im Dasein gewinnt der Mensch Gestalt, und nur in der Auseinandersetzung mit anderen Menschen werden wir, wer wir sind. Die unerfüllbaren Anforderungen einer ökonomisierten Konsumgesellschaft sind nichts als Kränkungen. Sie beleidigen uns mit der endlos wiederholten Aussage: Du bist nicht gut genug, schlank genug, erfolgreich genug. Aber wir werden dir helfen: Kaufe! Trimme! Optimiere! Ein endloser Teufelskreis aus Minderwertigkeitsgefühlen und Bedürfniserzeugung.

Keine Zufriedenheit, nirgends. Denn die ist ausschließlich dort, wo wir sind mit unserer Unzulänglichkeit, unserem Bemühen und unserer Liebe. Anteil nehmen an allen Facetten des Lebens, sich üben in allen Künsten, die uns gefallen könnten, und immer wieder aufzustehen, wenn wir gefallen sind – so könnte es gelingen, das mit dem Glück.

Bücher

Lesen ist Denken mit fremdem Gehirn.

JORGE LUIS BORGES

Ich war ein einsames Kind. Bis ich lesen lernte. Die Bücher haben mein Leben gerettet, und sie haben mir viele andere Leben geschenkt. Sie haben mich unterhalten, mich belehrt, begeistert, erzogen und gebildet. Niemandem bin ich mehr verpflichtet, niemand hat mein Leben mehr beeinflusst – das betrifft sowohl einzelne Werke, manchmal auch einzelne Sätze sowie die Gesamtheit der Bücher inklusive des ihnen innewohnenden Versprechens, dass es noch unendlich viel zu lesen gibt. Aber machen Bücher auch glücklich?

Wenn Glück nicht nur die Möglichkeit beschreibt, in der Welt vorzukommen, sondern auch, an ihr teilzunehmen, dann auf jeden Fall. Bücher erweitern unseren Innenraum, sie erhöhen unser Verständnis, unsere Resonanzfähigkeit und unser Mitgefühl. Lesen ist ein geistiges Vergnügen, wobei Geist hier, ganz im Sinne von Søren Kierkegaard, weder Verstand meint, noch Vernunft, sondern das Bewusstsein unseres Bewusstseins. Und damit die Fähigkeit, alle in unserem Bewusstsein vorkommenden Inhalte – ob Gedanken oder Gefühle, Erinnerungen oder Träume – wahrzunehmen, einzuordnen und zu gewichten.

Beim Lesen lassen wir ein anderes Bewusstsein in unserem eigenen Bewusstsein zu und werden von ihm berührt, vielleicht sogar verwandelt. Denn wir werden nicht nur mit anderen Erfahrungen und Lebensformen konfrontiert, sondern ebenso damit, dass diese anderen ebenso leiden und hoffen wie wir. Darin liegt eine Teilhabe an einer universalen Menschlichkeit, die mir immer noch der beste Schutz gegen Rassismus, Sexismus und Verachtung scheint. Denn wer mit Langston Hughes durch Kansas spaziert oder mit Tania Blixen eine Farm in Afrika besitzt, wer in Kafkas Tagebüchern blättert oder Rumis Verse leise nachspricht, kann sich dem Wissen nicht entziehen, dass uns Menschen über alle Zeiten hinweg viel mehr verbindet als trennt.

Dazu schreibt Kierkegaard in seinem Buch *Der Begriff Angst*: »Sympathie soll man empfinden, doch diese Sympathie ist erst dann echt, wenn man sich recht tief eingesteht, dass allen geschehen kann, was einem Menschen geschieht. [...] Erst wenn der Mitleidende in seinem Mitleid sich zum Leidenden so verhält, dass er im strengsten Sinne begreift, dass hier von seiner eigenen Sache die Rede ist, bekommt das Mitleiden vielleicht einen Sinn.«

Lesen funktioniert, weil wir einander verstehen können, weil wir uns alle in der gleichen Lage befinden, die gleichen Bedürfnisse, Sehnsüchte und Ängste haben. Ich bin nicht du, aber ich könnte du sein, und ich kann mir nachfühlend vorstellen, wie ich in deiner Lage handeln würde.

Doch nicht nur diese Teilhabe macht glücklich, sondern auch die Bücher selbst. Der Geruch ganz frischer Seiten, die schönen Buchumschläge, die sortierten ebenso wie die vollgestopften Regale. Bücherstapel. Eine Sammlung von Büchern zu einem bestimmten Thema. Alte Kinderbücher. Bücher, in denen man selbst Sätze oder Worte angestrichen hat. Sehr große und sehr kleine Bücher. Gebrauchte Bücher. Bücher, die frisch erschienen sind.

Und obwohl es ein besonderes Vergnügen bereitet, bereits gelesene Bücher noch einmal zu lesen und dabei sowohl das eigene Ich als auch den Text gründlich zu prüfen, ist doch nichts unwiderstehlicher als ein interessantes, noch ungelesenes Buch. Der Schriftsteller Elias Canetti soll auf seinem Nachttisch einen Stapel solcher Bücher gehabt haben, verbunden mit der Aussage, dass er erst sterben könne, wenn er sie ausgelesen habe. Natürlich hat er immer neue nachgelegt ...

Und es ist wahr – nichts ist verloren, solange es noch so viele anregende, wunderbare, amüsante, erstaunliche und berührende Bücher zu lesen gibt. Wobei es ebenfalls große Freude macht, Bücher zu verschenken. Denn Glück ist auch: geteilter Lesegenuss.

Vom Schlaf

Das Kunststück der Lebensweisheit ist,
den Schlaf jeder Art zur rechten Zeit
einzuschieben wissen.

MORGENRÖTE, FRIEDRICH NIETZSCHE

Glück ist auch die Kunst, sich an den kleinen Dingen des Lebens zu freuen. Denn sie verlassen uns nicht. Das ist so banal, wie es wahr ist. Und ebenso banal sind oft die Gründe für Unglück oder Unwohlsein. Es gibt ein paar Fragen, die wir uns stellen sollten, wenn die Welt wieder einmal ein düsterer Ort ist: Wann habe ich das letzte Mal etwas Gesundes gegessen? Wann habe ich das letzte Mal mit jemandem geredet, den ich mag? Wann habe ich das letzte Mal ausgeschlafen? Wenn der Insulinpegel sinkt, steigt unser Unbehagen. Wenn sich niemand an uns freut, vergessen wir es auch. Und wenn wir nicht genügend schlafen, werden wir grantig.

Weil wir paradoxe Geschöpfe sind, ist unser Glück voller Widersprüche. Bei sich zu sein, ist ebenso erstrebenswert, wie sich zu vergessen. Bleiben wir beim Vergessen. Wenig enthebt uns zuverlässiger der Last unseres Bewusstseins als der Schlaf, der kleine Bruder des Todes. Wenn ich schlafe, bin ich und weiß nicht, dass ich bin. Eine uralte Geborgenheit, der wir Nacht für Nacht erfrischt entsteigen. Guter Schlaf ist eine Quelle des Glücks. Und sein Ausbleiben eine stille und einsame Qual, die nur diejenigen verstehen, die daran leiden. Auch wenn es für hartnäckige Schlafstörungen kein einfaches Heilmittel gibt – außer der Gewissheit, dass auch ein schlafloser Körper liegend Ruhe finden kann –, gibt es doch ein paar Dinge, die man tun kann, um Morpheus anzulocken.

Das beginnt bei der eigenen Schlafstätte. In den meisten Glücksbüchern steht gleich zu Anfang der Ratschlag, man solle täglich sein Bett machen. Denn in aller Mühe, die wir für unseren Körper und unser Heim aufbringen, liegt ein Verweis auf den Wert verborgen, den wir uns selbst zugestehen. Deshalb gilt es, den Orten, an denen wir viel Zeit verbringen, unsere höchste Aufmerksamkeit schenken.

Auch andere Rituale helfen – ob man jeden Abend ein Fußbad nimmt, vor dem Einschlafen stets das gleiche Getränk trinkt oder immer im gleichen Buch liest. Jeder Schlaf ist ein Aufbruch ins Unbekannte. Wir brauchen das Gefühl von Sicherheit, um loslassen zu können. Manchmal klappt es trotzdem nicht.

Ich liege im Bett. Dieser Tag ist vorbei, der morgige liegt vor mir wie eine bunte Landkarte – dahin, dorthin, Wegweiser, Brücken und kleine Gasthäuser. Es ist dunkel und heimelig, ab und zu flackert ein Licht im Hof. Und jetzt schlaf, sagt es in mir, und ich erwidere: Ja, klar. Ich schlafe aber nicht. Ich gehe die Landkarte noch einmal ab und noch einmal, während ich im Gestern und Heute und Morgen ertrinke. Angst, Vorfreude, Erinnerungen, ich denke an dieses und jenes, und mein Gehirn ist so wach und quirlig wie ein Haufen junger Hunde. So wird das nichts. Wie dann?

Es kann helfen, bewusst zu gähnen. Es hilft auch, sich auf den eigenen Atem zu konzentrieren; das ist aber eher für Fortgeschrittene, weil nach gefühlten zehn Sekunden die

Gedankenkreise von vorn beginnen: Und morgen gehe ich dann dahin und dann das und so weiter ... Brauchbarer erscheint mir da die 4-7-8-Atmung, bei der man vier Sekunden einatmet, die Luft für sieben Sekunden anhält und dann für acht Sekunden ausatmet. Vier, fünf Durchgänge tun tatsächlich gut. Vor allem, weil durch die längere Ausatmung das vegetative Nervensystem stimuliert wird, das für Entspannung zuständig ist.

Der Atem ist auch sonst ein mächtiger Verbündeter auf dem Weg zum Glück. In einem Artikel über Burnout wurde behauptet, ein paar tägliche Pausen, in denen man sich fünf Minuten nur auf den eigenen Atem konzentriere, seien ein wirksames Gegenmittel; sowohl regenerierend, als auch den Kontakt zu den eigenen Gefühlen befördernd, die oft als Erstes auf der Strecke blieben. In der Stille, die an die Langeweile grenzt, fängt die Seele an zu sprechen. Und wir können zuhören. Doch ich will jetzt nicht mehr zuhören. Sondern schlafen. Bitte.

Wenn Atmen nichts bringt, hilft es mir manchmal, aufzustehen und die Aufgaben des morgigen Tages oder der kommenden Woche in eine Liste zu verwandeln. Was außerdem oft funktioniert, ist, an alte Träume zu denken. Es ist ein herrlich schwankendes Gefühl, von der Realität in die Fantasie zu wechseln, und oft bleibt das Gehirn dann einfach dabei.

Und manchmal hilft alles nichts – das Atmen, die Liste, das Erinnern von Träumen, und man liegt wach da. Und irgendwann, ich weiß gar nicht mehr, wann es war, hat mich Morpheus doch noch in die Arme geschlossen. Denn Schlaf ist nicht nur etwas, worum wir uns bemühen können – sondern auch ein Geschenk, das wir manchmal einfach so annehmen dürfen. Zum Glück.

Abstand nehmen

Der Menschheit Würde ist in ihre Hand gegeben.

DIE STUFEN DES ORGANISCHEN UND DER MENSCH,
HELMUTH PLESSNER

Wir Menschen sind die einzigen Tiere, die fähig sind, sich Lebensumstände zu schaffen, die sie überfordern. Augenblicklich ist unsere Wirklichkeit schnell, laut und unendlich ausdifferenziert, so sehr, dass ich mich manchmal alt und dumm und müde fühle, obwohl ich doch gerade so ziemlich auf dem Höhepunkt meiner geistigen Fähigkeiten sein sollte. Zu viel, alles zu viel.

Auch wenn das zutreffen mag, sind das angesichts der Lage vieler Menschen auf der Welt doch sehr privilegierte Probleme. Ganz davon abgesehen, dass Glück viel mit der Fähigkeit zu tun hat, sich innerhalb der Gesellschaft seine eigenen Lebensumstände zu schaffen. Die Welt ist grell und aufdringlich? Ach, soll sie doch. Es liegt an mir, darin mein eigenes Tempo zu finden.

Es steht mir frei, mich an alle Trends, Netze und Geräte zu hängen. Ich kann hauptberufliche Konsumentin und Informationsfresserin werden und vor lauter Mitgemache alles aus den Augen verlieren, was mir das Gefühl gibt, am Leben zu sein. Ich kann – aber ich muss nicht. Denn wofür ich meine Zeit und meine Aufmerksamkeit verwende, liegt ganz allein in meiner Hand. Das ist mein Privileg – und meine Verantwortung. Diesbezüglich geht es mir wie der stark übergewichtigen Frau, die ich einmal in einem Fitnessstudio gesehen habe. Auf ihrem T-Shirt stand: *Giving up is not an option*. Ich will mich nicht im Lärm verlieren. Aber ich will mich auch nicht von der Welt, wie sie gerade ist, abwenden. Ein dritter Weg muss her. Achtsames Umgehen, kontrolliertes Eintauchen und sanfte Partizipation. Nur wie?

Wir leben mit einem Steinzeit-Körper in einer Computerzeit-Welt. Unsere Bedürfnisse sind einfach, unsere Welt zunehmend komplex. Wir empfinden Glück, wenn wir uns im Leben zu Hause fühlen, in einem Wechselspiel von Ruhe und Aufregung, Geborgenheit und Intensität. Doch weil die Welt immer aufdringlicher und verführerischer wird – ganz abgesehen davon, dass viele sozialen Medien gezielt süchtig machen –, ist es immer leichter, die Balance zu verlieren. Die Kunst besteht darin, seinen eigenen Weg durchs Dickicht der Gegenwart zu finden. Was ist mir wichtig? Was verleiht meinem Leben Bedeutung? Was macht mich glücklich und froh, was löst gute Gefühle aus?

Diese Fragen müssen wir uns immer wieder stellen. Das Schlimmste an der ständigen Ablenkung und dem unendlichen Erwartungs-, Erfolgs- und Informiertheitsdruck, ist der Verlust des Gefühls für unsere eigenen Bedürfnisse. Klarheit braucht Zeit. Übersicht braucht Abstand. Es gilt, das Tor der Stille zu durchschreiten, immer wieder. Ein Ja zu sich beginnt mit einem Nein zur Welt, sei das ein stilles Nickerchen, ein langer Spaziergang oder ein Abend alleine zu Hause. Es geht darum, absichtliche Verzögerungen zu erzeugen. Inseln der Unverwertbarkeit. Besinnungszeit.

Ich weiß das schon lange. So lange, wie ich dabei scheitere. Ich bemerke allerdings eine gewisse Verbindung zwischen meinem Wohlbefinden und meiner Willenskraft:

Wenn ich schwach bin, werde ich schwach – und feiere meine Kapitulation umgehend mit einer mehrstündigen Session. Das ist paradox. Und gemein. Gerade wenn wir unsere Fürsorge am nötigsten hätten, ist sie am fernsten. Aber was tun?

Ich habe erkannt, dass es ein tägliches, stündliches Bemühen geben muss um die Kontrolle über meine Zeit und mein Leben. Dass ich mir meine Tage erobern muss, wieder und wieder. Und dass meine Würde ebenso in meinem So-Sein wie in meiner Fähigkeit liegt, Abstand zu nehmen von mir und von der Welt und von dort aus gestärkt und orientiert zurückzukehren.

Dieser Abstand ist lebenswichtig. Er gibt uns Raum zum Atmen, zum Denken und zur Selbstkorrektur. Wenn wir ständig überfordert sind, vergessen wir, dass alles auch ganz anders gehen könnte. Unsere Kultur ist nur eine Möglichkeit, sich auf der Welt einzurichten. Wenn auch eine sehr dominante. Doch letztlich gibt es so viele Formen zu leben, wie es Menschen gibt. Wenn ich meine eigene Form finden will – und ein Gefühl, sich dieser anzunähern, gehört zu den notwendigen Voraussetzungen von Glück –, muss ich immer wieder den reißenden Strom der Gegenwart verlassen, um auf einem kleinen trockenen Fleckchen zu überdenken, wo die Reise hingehen soll. Oder wenigstens den Kopf aus dem Wasser stecken und mich umschauen. Sonst bleib ich fremd im eigenen Leben. *Giving up is not an option.*

Ein Moment der Ewigkeit

Wunderliches Wort: Die Zeit vertreiben!
Sie zu halten, wäre das Problem.

RAINER MARIA RILKE

Die Tage rauschen vorbei, ein Wirbel aus Bildern, Menschen und Informationen. Ich stemme mich minuten-, sekundenweise gegen den Strom. Atem holen, Verlangsamung, Besinnungszeit. Bewusste Verzögerung ist die einzige Waffe gegen die rasende Welt.

Forschungen haben erwiesen, dass die Zeit, subjektiv gesehen, umso langsamer vergeht, desto mehr Unerwartetes passiert. Manche Wochen sind so voll, dass sie sich wie ein halbes Leben anfühlen. Und manche Monate, in stillen Routinen verbracht, waren rückblickend nichts als ein langer Tag. Es geht also nicht um Zeit, es geht um Intensität, um Erlebnisdichte – und diese Dichte hängt von unserer persönlichen Beteiligung ab. Nach acht Stunden im Netz oder beim Serienschauen bin ich auch voll, aber es ist die substanzlose Fülle des Lebens der anderen. Was durchaus seine Reize hat. Doch auf Dauer macht uns dieses bloß konsumierte Leben unglücklich. Es ist nährender und bedeutungsvoller, ein handelnder, empfindender und dadurch lebendiger Teil des Daseins zu sein. Denn allein das, was wir selbst erlebt haben, können wir einst dem Tod entgegenwerfen, alles andere ist am Ende nur das Rauschen der Leere.

Ich wache auf. Vor mir liegt dieser einmalige Tag, eine kleine Einheit, deren unerbittliche Wiederkehr mich sachte meinem Ende entgegenschiebt. Was werde ich tun? Das, was ich immer tue. Nicht nur die tägliche Erhaltungsarbeit, also waschen, kochen, aufräumen gehören dazu, sondern auch die ganzen anderen Alltäglichkeiten: Zeit für die Arbeit, für die Familie, für die Freunde. Menschschein heißt, in Wiederholungen zu leben. Und sich in ihnen zugleich zu entwickeln.

Lang lebe die Routine, denn alles von Wert braucht Zeit zum Wachsen. Kleine Eroberungen sind besser als große Gesten, und Beharrlichkeit ist ein treuer Begleiter des Glücks. Lang lebe auch die Überraschung, denn sie ist die Würze unseres Daseins. Neue Bilder, neue Gedanken, neue Menschen – alles, was uns an diesem ganz normalen Tag am Wandel der Welt teilnehmen lässt. Und lang lebe die Ewigkeit, die uns für einen Moment aus dem Gefühl der Alltäglichkeit erlöst. Ewigkeit meint hier den Kontakt mit etwas, das so groß ist, dass es uns nicht klein macht, sondern genau richtig. Wenn wir das Dauernde berühren, ob in der Natur, in der Kunst oder in der selbstvergessenen Freude an einem anderen Menschen, werden wir erhoben und getröstet zugleich. Wir geben diesen Dingen keine Bedeutung – die Bedeutung gibt sich uns. Ein solcher Moment gleicht hundert Trivialitäten aus. Unser Leben braucht dieses Gefühl von Weite, Größe, Horizont. Wobei seine Inhalte und Auslöser wieder einmal sehr persönlich sind.

Die Sonne ist nach langer grauer Abwesenheit wieder herausgekommen, der Himmel hat dieses leicht verwaschene Blau, als würde er sich noch die Augen reiben, die Luft ist neu und klar. Ich gehe am Spreeufer entlang, ein vertrauter Weg, der mich zur Alten Nationalgalerie führt, wo ich mich auf die steinernen Stufen setze, das Gesicht den warmen Strahlen entgegengestreckt. Neben mir diese Bronzestatue einer Frau auf einem Pferd, vor mir spazieren Menschen im Lustgarten, um mich herum eine seltsame Stille

Ich lese einen Satz, der mich berührt, eine Komplizenschaft über alle Zeiten hinweg, ein Verständnis, eine Großzügigkeit, ein Zwinkern. Ich sehe ein Bild, eine Farbigkeit, die mich anspringt und mitreißt, wie neulich in einem Museum eine Landschaft, glühendes Rot, Nuancen von Grün; ein farbiges Flirren, das meinen Blick bannt und mich einlädt einzutreten. Ich beobachte ein Kind, blicke in seine frischen Augen, für die alles noch ein Wunder ist, und begreife, dass sie recht haben und wir unrecht.

Vergänglichkeit ist das Los des Menschen. Die Zeit schert sich nicht um unser Glück. Sie vergeht unerbittlich und jagt immer schneller an uns vorbei. Mit jedem Moment der Ewigkeit leisten wir Widerstand – und jeder Tag verdient einen solchen Augenblick.

Scheitern

Aus den Trümmern unserer Verzweiflung
bauen wir unseren Charakter.

RALPH WALDO EMERSON

P. hat mich verraten. A. hat nicht zurückgerufen. I. liebt
mich nicht. N. hat die Arbeit von Wochen mit einer nach-
lässigen Bemerkung zunichte gemacht. Scheitern, immer
wieder scheitern. An mir, an anderen, am Schreiben, am
Leben und an der Liebe sowieso.

Glück ist harte Arbeit. Selbstbeherrschung, Dankbarkeit
und unablässige Kommunikation zwischen dem, was wir erwarten wollen, und dem, was wir erwarten können. Ziel ist
es, sich heimisch zu fühlen in der Welt, sie stets aufs Neue
bewohnbar zu machen. Scheitern hingegen ist eine Art tem-
poräre Heimatlosigkeit. Existenzielle Sackgasse. Das Leben
sagt: So geht es nicht weiter. Aufgehalten im Lauf der Mach-
barkeiten. Besinnungszwang.

Tolstoi schreibt, dass sich alle glücklichen Familien gleichen, während alle unglücklichen ihr eigenes Unglück haben. Glück hat tatsächlich oft etwas Allgemeines: gute Gefühle, frohe Stimmungen, einander ähnelnde heitere Tage.

Leid ist persönlich. Die Kunst besteht darin, sich an seinen harten Kanten neu auszurichten. Denn der Schmerz
lügt nicht. Das macht ihn zu einem äußerst wertvollen Kompass auf der Suche nach dem Glück. Und nach uns selbst,

denn ohne ein Annehmen unserer Einmaligkeit ist kein Glück denkbar, niemals.

Unglück hat viele Gesichter. Meist beginnt es damit, dass alles ganz gut zu laufen scheint, ordentlich, belastbar. Und irgendwann – *wumm*. Aus heiterem Himmel knallt uns das Leben ein Stoppschild vor den Schädel. Nur dass der Himmel meist nicht so heiter war. Weil wir uns getäuscht haben. Und das Leben uns gezwungen hat, ein paar Schleier von den Dingen zu reißen, um klar zu sehen, was wirklich ist, eben: Ent-Täuschung.

Dann gibt es das Versagen, ein sehr unangenehmer Zustand, der mit dem Verdacht einhergeht, dass wir an ihm selbst schuld sind. Was leider meistens stimmt. Hier helfen nur Sanftmut und Selbstannahme – auch unser Unvermögen will geliebt werden.

Sind wir tendenziell nicht selbst schuld, handelt es sich um Scheitern. Wir können eigentlich an allem scheitern, an uns selbst, unseren Träumen, Erwartungen und Ansprüchen, an anderen Menschen, am Markt, an lokalen Gegebenheiten. Kleines Scheitern ist normal und alltäglich, weshalb Selbstironie und Frustrationstoleranz zu den wichtigsten und auch glückverheißendsten menschlichen Eigenschaften gehören.

Großes Scheitern hingegen tut einfach nur weh. Je bunter die Träume, desto trüber die Fetzen. Dabei ist Scheitern oft nur ein anderes Wort für Passungsprobleme. Die Welt hat sich gedreht, und wir sind stehengeblieben. Oder andersherum. Bei Beziehungen ist das besonders traurig. Wenn die Worte wegbleiben und die Gefühle, und alles fremd und lieblos wird. Liebesverhältnisse, Freundschaften, Zusammenarbeit. Ausharren oder gehen, das ist die Frage. Und die Verzweiflung, die irgendwann auftaucht und nicht mehr fortgeht, sagt uns: Geh! Verschwinde! Hier ist deines Bleibens nicht länger. Dieser Mensch, diese Idee, dieser Job sind nicht das Ende deiner Suche, sondern ein neuer Anfang.

Da muss man natürlich erst einmal hinkommen. Ein Scheitern wirklich anzunehmen, zu akzeptieren, dass es so nicht mehr weitergeht. Das ist nicht immer leicht, denn die Hoffnung stirbt zuletzt. Doch wer hofft, handelt nicht. Er wartet noch. Meist vergeblich.

Deshalb ist der, der um seine Verzweiflung weiß, schon einen Schritt weiter. Das Unerträgliche auch so zu nennen, heißt, sich mit jedem wahren Wort wieder ein Stück näherzukommen. Das haben alle Formen des Unglücks gemeinsam – sie führen uns vom falschen Weg wieder hin zu uns. Leid ist meist ein Ausdruck davon, dass wir uns gerade nicht mit dem, was ist, zurechtfinden. Was nicht heißt, dass es nicht trotzdem wehtut.

Wenn wir unsere Augen vor dem, was uns schmerzt, verschließen, verschließen wir sie vor uns selbst. Obwohl es durchaus möglich ist, in Lüge, Täuschung und Verzweiflung zu leben. Der Mensch ist das einzige Tier, das bei lebendigem Leib sterben kann; innere Wüsten und nichts als Leere hinter den Augen.

Der Schmerz lädt uns ein hinzuschauen. Unsere Niederlagen erinnern uns daran, dass wir lebendig sind. Sie zwingen uns, unser Leben immer wieder neu zu überdenken. Wenn wir es wagen, uns darauf einzulassen, liegt darin eine große kreative Kraft.

Selbstgespräch

Wie man in den Wald hineinruft,
so schallt es hinaus.
SPRICHWORT

Unerbittlich reihen sich die Tage aneinander, werden Wochen, Monate, Jahre. Die Zeit vergeht, und doch erlebe ich sie nur als Gegenwart, auf einem ewigen Heute in ein ungewisses Morgen balancierend. Aber ist dieses Morgen wirklich so ungewiss? Ist es nicht eher das Ergebnis von meinem Heute und allen vorangegangenen Heutes, zurück bis zu meinem ersten Atemzug?

Wir werden, was wir sind. Es besteht eine wechselseitige Abhängigkeit zwischen unserer Gegenwart und unserer Zukunft. Mein heutiges Heute ist mein morgiges Heute, jeder Tag ein holistischer Splitter, der alle wichtigen Informationen enthält. Alles, was getan werden muss, muss jetzt getan werden. Jetzt ist der Moment, eine andere zu werden, eine Eigene, eine, die sich so behandelt, wie sie es sich wünscht.

Die wahren Schlachten werden im Alltag geschlagen. Minimalverschiebungen im Immergleichen, Gewohnheitsverlagerung, Neubewertung. Langsam. Unerbittlich. Stück für Stück. Wer glücklich sein will, muss auf sich selbst aufmerksam sein. Diese Aufmerksamkeit ist jetzt. Und jetzt. Und jetzt. Sie beginnt, wenn wir uns der Gegenwart bewusstwerden und unserer Wahlfreiheit inmitten aller Zwänge. Sie beginnt mit einer Millisekunde Distanz – und diesen kleinen blitzschnellen Fragen: Will ich das? Brauche ich das? Möchte ich so leben?

Sagt ja niemand, dass Glück nicht anstrengend sei. Und wir selbst nicht unser größter Widersacher. Denn ach, schon ist meine Hand bei den zartschmelzenden Schokokugeln, während sich die andere durch meine geliebten Hollywood-Klatschseiten klickt. Schon sind wieder zwei Stunden vergangen, schon tut der Rücken weh, und der Bauch grummelt, schon ist es wieder dunkel draußen und der Spaziergang ...

Heute will ich es anders machen. Heute will ich mir ansehen, welchen Dingen ich mich aussetze, denn das ist die Substanz meines Morgens. Heute will ich mir zuhören – und meiner inneren Stimme folgen.

Als die Korrespondenz erledigt ist, will ich weitersurfen, doch halt: Will ich das? Nein, ich will lieber hinaus in den hellen Morgen und spazieren gehen. Und bitte, Abgang. Urbane Stille, frischer Wind bläst mir ins Gesicht, vor mir geht eine Frau mit fünf weißen Königspudeln. Auf dem Rückweg komme ich an einem Stand mit Croissants und bunten Donuts vorbei. Ich besehe die Auslagen, auch Kaffee gibt es, schon ist die Hand in der Tasche, und wieder frage ich mich: Willst du das wirklich? Willst du nicht lieber den Joghurt mit dem halben Apfel, den du noch im Kühlschrank hast? Und dazu einen grünen Tee?

Good Lord! Es ist noch nicht einmal Mittag, und ich gehe mir schon unglaublich auf die Nerven. Aber es stimmt – ich hätte wirklich lieber den Joghurt. Wenn ich darüber nachdenke. Also laufe ich weiter. Ungefrühstückt. Zu Hause begebe ich mich mit Speis und Trank wieder vor den Computer. Aber nein, das will ich auch nicht. Lieber in der Küche sitzen, die Sonne scheint herein, ich esse langsam. Schmeckt gut. Dann klingelt das Telefon, meine Freundin S. ist am Apparat, ein Treffen, jetzt? Ich denke an das noch zu Tuende und versuche herauszufinden, was ich wirklich möchte. Jetzt Pause, später arbeiten oder andersherum? Tatsächlich kommt eine schnelle und präzise Antwort: S. später treffen, bitte. Danke für die Auskunft.

Abends dann, noch ein bisschen aufgekratzt von einem beglückenden Gespräch und dem schönen Wetter, regen sich erste Verlockungen: Ruf doch noch O. an. Was macht eigentlich C.? Und schon wird alles wieder leuchtend und verheißungsvoll, doch ich trete einen Augenblick zurück und frage mich: Was willst du wirklich? Morgen früh aufstehen, sagt es, vorher dieses und jenes noch erledigen und danach kurz in eine Ausstellung um die Ecke gehen. Gut, sage ich, und als ich wenig später zu Hause bin, will ich schon nach einem Buch greifen, als mir klar wird: Nein, ich möchte eigentlich gar nichts. Ruhe, Stille, Seelenzeit. Irgendwann sagt eine leise Stimme: Danke fürs Zuhören, und mir wird ganz warm und zuversichtlich. Am nächsten Morgen wache ich auf mit einer Laune so bunt und strahlend wie die Lichter der gestrigen Nacht. Mindestens. Glück ist auch: ein gelungenes Selbstgespräch.

Selbsterziehung

Sei du selbst die Veränderung,
die du dir wünschst für diese Welt.

MAHATMA GANDHI

Glück ist subjektiv: Was mich erfreut, kann meinen Nächsten langweilen und umgekehrt. Aber wir alle müssen darüber nachdenken, was uns anspricht, erhebt oder Vergnügen bereitet. Das kostet Zeit, aber diese Zeit gilt es, sich zu nehmen. Für das Glück – und für unser Menschsein und die damit verbundene Frage, was dieses Menschsein für uns selbst eigentlich bedeutet. Das Leben drückt uns durch die unfassbare Tatsache seines So-Seins einen unsichtbaren Fragebogen in die Hand, darauf steht: Wer bist du? Und die ganzen Unterfragen, seitenweise: Wer willst du sein? Wer solltest du sein? Was ist dir wichtig? Worauf kannst du verzichten und worauf nicht? Woran glaubst du? Woran willst du dich erinnern im Augenblick deines Todes? Was magst du? Was verachtest du? Wen liebst du? Wovon träumst du? Was sind deine Schwächen? Was kannst du ändern? Was nicht?

Es liegt an uns, ob wir uns die Mühe machen, ihn eigenhändig auszufüllen. Aber eines ist sicher: Je mehr wir von uns selbst wissen, desto leichter fällt es uns, Glück zu erkennen und festzuhalten. Doch paradoxerweise kann allzu eifriges Streben auch kontraproduktiv wirken. Wenn sich das

Bemühen um ein glückliches Leben in Hochleistungssport verwandelt, womöglich noch mit Ideen über Fitness, Schönheit und Erfolg verbunden, gibt es plötzlich kein Glück mehr, nirgends. Wobei auch das eine ambivalente Angelegenheit ist, denn wie der Literaturkritiker Marcel Reich-Ranicki bemerkte, ist es besser »in einem Taxi zu weinen als in der Straßenbahn«.

Ich kann also nur von mir und meinen Erfahrungen sprechen. Alles, was mein Glück ausmacht, ist immateriell, obwohl ich dankbar bin, wenn ich genug Geld zum Leben habe und einen kindischen Gefallen finde an diesem oder jenem aus meinem Besitz. Aber das verblasst neben der Freude an Menschen, Gesprächen, Büchern, Bildern, Blumen sowie dem allgemeinen und besonderen Gefühl des Gemeint-Seins, das immer wieder möglich ist. Mein Glück hat etwas mit Beziehungen zu tun, mit neuen Eindrücken und Momenten von Teilhabe und Zeitlosigkeit. Und damit, alles, was mich unglücklich macht, so gut es geht, zu meiden.

Vermeidbares Unglück betrifft vor allem die eigenen falschen Erwartungen. Das schließt einen klassischen Kategorienfehler ein, der darin besteht, Quantität mit Qualität zu verwechseln. Auch ich habe lange gedacht, wenn ich nur genug hiervon habe oder mehr von diesem, wäre ich endlich glücklich. Das war falsch, obwohl es materielle Dinge gibt, die das ihnen innewohnende Versprechen noch Jahre später erfüllen.

Vor allem aber habe ich begriffen, dass die größte Torheit darin besteht, zu warten und zu hoffen, dass sich irgendetwas ändert, weil das Universum endlich seinen Fehler einsehen und für Gerechtigkeit, Wahrheit oder die Erfüllung meiner geheimsten Wünsche sorgen würde. Das Universum ist gleichgültig. Aber wir nicht. Wenn die Welt ein besserer

Ort sein soll, kann ich nur eines tun: selbst ein besserer Mensch werden. Die schönsten Sterne sehe ich in den Augen meiner Liebsten, und das beste Heilmittel gegen unsere Verletzlichkeit ist das Wissen, dass wir sie miteinander teilen.

Gefühle, Empfindsamkeit, Verbundenheit sind das eine. Doch es gibt auch eine notwendige Strenge: Glück ist nicht nur der Moment, sondern auch die ganze Strecke. Wer ständig seinen Impulsen anheimfällt, kommt nie ans Ziel. Selbsterziehung ist der Weg hin zu dem Menschen, der ich sein möchte, und Glück ist das Gefühl, sich dem beharrlich anzunähern – allen notwendigen Umwegen zum Trotz.

Einklang mit sich

Das Unbewusste ist viel moralischer,
als das Bewusste wahrhaben will.
SIGMUND FREUD

Draußen fällt sanfter Regen, ich sitze in einem kleinen,
liebevoll dekorierten Restaurant in einer fremden Stadt,
neben mir ein frischer Kaffee, um mich herum plaudernde
Menschen. Ein Glücksmoment. Jetzt. Ich glaube nicht, dass
wir das Glück nur in der Rückschau erkennen können. Ich
glaube, die Kunst besteht darin, es in der Gegenwart zu
finden. Einmaligkeit und Vollendung in einer kleinen Geste.
Seit ich über Glück nachdenke, sind mir diese Momente viel
bewusster geworden. Auch die Tatsache, dass das alles ist.
Alles, was wir haben. Augenblick um Augenblick.

Ein tiefgründiges Gespräch mit einem Unbekannten. Ein
Bild, das mein Kind für mich malt. Ein Text, der mich zum
Staunen bringt. Ansprache, Rührung, Gemeint-sein. Glücks-
zutaten. Wegzehrung. Denn, wer es ernst meint mit dem
Glück, betritt eine unsichtbare Akademie. Ausbildungs-
abschluss: wenn der Vorhang fällt. Ziel: ritterlicher Abgang.
Weg: steinig. Dabei ist es nicht so, als gäbe es keine Antwor-
ten. Vielmehr müssen wir irgendwann selbst antworten.

In einer Kurzgeschichte erzählt der Schriftsteller Somerset Maugham von einem Mann, der sich eine wunderschöne
Vase kauft. Er stellt sie in sein Wohnzimmer und bemerkt,

dass der Tisch, auf dem sie steht, nicht dazu passt. Dann fällt ihm auf, dass sich der neu angeschaffte Tisch nicht mit dem Rest verträgt. Als die Wohnung vollkommen umgestaltet ist, verlässt er seine Frau. Beim Lesen hat man das Gefühl, dass eine Bewegung stattgefunden hat: vom Beliebigen zum Besonderen. Vom *man* zum *Ich.* So ist es auch mit dem Glück. Jede helle kleine Stelle wirkt wie eine stumme drängende Aufforderung, sich all den anderen Dunkelheiten zuzuwenden. Auf eine seltsame Weise hängt alles zusammen, von Ernährung über Konsum hin zu unseren privaten Beziehungen. Alles verlangt von uns, bewohnt, angefasst, zu eigen gemacht zu werden. Und mit Achtung behandelt.

Glück ist Einklang mit sich. Entfremdung ist Selbstbetrug. Lügen hinterlassen Spuren. Kleinlichkeit schadet. Und die Seele schreibt mit. Ihre Stimme ist so real wie der Tisch, auf dem ich tippe. Je weiter wir uns von ihr entfernen, desto unglücklicher sind wir. Es findet eine Spaltung statt, eine Differenz. Wir werden ver-zwei-felt.

Es kann kein echtes Glück geben, wenn wir uns ständig in die Tasche lügen. Denn so verlieren wir den Kontakt zu unserer eigenen Frequenz, deren Urteil so unbestechlich wie angemessen ist. Und großmütig. Wer kann sich schon einen guten Menschen nennen? Frei von Eitelkeit und Torheit, von Gier und niedrigen Motiven? Ich nicht. Aber im Moment des Eingestehens der eigenen Unzulänglichkeiten tut sich wiederum eine Differenz auf und damit auch die Möglichkeit einer Wahl.

Für ein glückliches Leben müssen wir uns entscheiden. Wieder und wieder. Jeden einzelnen Moment. Der Vorteil ist: Auch an Gutes und Großzügiges kann man sich gewöhnen. Nach einer Weile. Und im Bewusstsein, dass es eine Annäherung bleiben wird.

Wer sich länger mit Glück beschäftigt, findet einen ebenso strengen wie gütigen Lehrer. Nachdem ein paar Äußerlichkeiten geklärt sind – beweg dich, konsumier nicht so viel, sei freundlich –, wandert der Blick nach innen. Und verwandelt sich in eine immerwährende Aufforderung an unseren eigenen Anstand. An den Menschen, der wir sein könnten. Und der wir sein möchten, wenn wir den Teil von uns fragen, um dessentwillen wir es verdienen, geliebt zu werden.

Humor

Nur wer das Leben ernst, bitter ernst nimmt,
hat auch wirklich Humor.

IMMANUEL KANT

Glück ist Selbsterkenntnis und Selbsterziehung, Atmen und Aufmerksamkeit, Beharrlichkeit und gute Gewohnheiten. Glück ist auch Zufall, also alles, was uns zufällt, Unerwartetes, Unverhofftes. Doch vor allem ist Glück ein gelungenes Verhältnis zu sich und der Welt; ein Verhältnis, dem das Kunststück gelingt, das eigene Leben ernst zu nehmen, aber nicht übermäßig wichtig. Ein anderer Ausdruck für dieses paradoxe Kunststück ist Humor.

Humor ist ein geistiges Vermögen, denn er bedarf der Fähigkeit, aus einer Situation herauszutreten, von sich selbst Abstand zu nehmen und auf anderem Weg zu dem, was ist, zurückzukehren. Guter Humor nimmt die Dinge nicht auf die leichte Schulter. Aber sich selbst. Und das ist gar nicht so einfach. Vor allem, wenn man einen schlechten Tag hat. Wie ich einmal: Eine Veranstaltung, auf die ich mich gefreut hatte, wurde abgesagt. Dann ist ein schwarzer Socken in die weiße Wäsche geraten. Und zu allem Überfluss habe ich auch noch meinen Geldbeutel im Supermarkt liegen lassen, und es sah nicht so aus, als würde er wieder auftauchen.

Das sind natürlich alles *First World Problems*, was der schlechten Laune allerdings keinen Abbruch tut. Und doch beginnt der erste Schritt zurück zur Leichtigkeit mit einer vorsichtigen Relativierung. Ist wirklich ein unwiederbringlicher Schaden entstanden? Können Dinge repariert oder ersetzt werden? Und vor allem: Was ist dennoch gut, wofür kann ich dankbar sein? An das zu denken, was ist, anstatt an das, was fehlt, hilft beim Perspektivwechsel.

Dazu kommt der Blick über den Tellerrand: Im Kontext des großen Ganzen – durchaus auch angesichts der Tatsache, dass viele unserer Ärgernisse Luxusprobleme sind: Wie schlimm ist das, was heute geschehen ist? Wie lange wird es mich noch beschäftigen, welche Rolle spielt dieses Missgeschick, wenn ich den Horizont meines Daseins betrachte?

Relativierung hilft, den Dingen wieder ihren richtigen Platz zuzuweisen. Selbstironie hilft, mir selbst wieder den richtigen Platz zuzuweisen. Denn oft sind es nicht Verluste, sondern kleine und große Kränkungen, die verhindern, dass dieser Tag ein guter wird. Glück ist eben auch: der Kampf des Menschen gegen sein Ego, das immer ein Einfordern und Beharren ist, wo das Leben längst weitergeht.

Humor und seine Spielarten brauchen wir aber nicht nur, um den alltäglichen Widrigkeiten mit einer gewissen Gelassenheit zu begegnen, sondern auch, wenn das Leben sich verdunkelt. Ein Mensch zu sein heißt, mit Verlust konfrontiert zu sein, mit Leid und Vergänglichkeit und Tod. Manche von uns leben eine Weile, ohne davon zu wissen, aber früher oder später werden wir alle Bürger der »Nachtseite des Lebens«, wie die Schriftstellerin Susan Sontag es nennt. Das ist unerträglich. Und doch müssen wir es ertragen. Diesen dunklen Horizont kann nur das Licht unseres Geistes erhellen und mit ihm die Fähigkeit, immer wieder neue Perspektiven zu finden, und dadurch immer wieder neuen Sinn.

Humor ist die Versöhnung des Teils mit dem Ganzen. Er lässt uns beweglich bleiben, wenn wir egoistisch beharren wollen, aber auch, wenn wir vor Trauer oder Schmerz zu erstarren drohen. In ihm steckt die kostbarste aller Fähigkeiten: in allen Situationen etwas Gutes oder Schönes oder schlicht Lebenswertes zu finden, weil wir nicht nur einen Sinn für unseren Teil, sondern auch für das Ganze haben. Denn alles passiert immer gleichzeitig. Gewinn und Verlust, Schönheit und Schrecken, Liebe und Tod. Und glücklich ist, wem es gelingt, auch in finsteren Zeiten den Kopf so weit zu drehen, dass er einen Blick auf das Leuchten des ewigen Frühlings zu werfen vermag.

Vergangenheit

Laßt die Erinnerung uns nicht belasten
Mit dem Verdrusse, der vorüber ist.
DER STURM, WILLIAM SHAKESPEARE

Vor nicht allzu langer Zeit habe ich Tagebücher aus meiner Jugend gelesen. Und war aufrichtig überrascht: Damals ist es anders gewesen, als ich es in Erinnerung hatte. Farbiger. Alberner. Vergnügter. Mein altes Ich und mein gegenwärtiges Ich waren zu ganz unterschiedlichen Urteilen über diese Zeit gekommen, vielmehr hatte mein aktuelles Ich schlicht vergessen, wie es damals wirklich war und sich stattdessen in einer unwahren, aber plausiblen und vor allem nützlichen Geschichte eingerichtet. Wahrscheinlich auch, weil es ein wenig über den Verlust der Jugend hinwegtröstet, wenn man den ganzen Spaß, den man früher hatte, einfach ausblendet.

Doch es geht nicht nur um Fakten, sondern vor allem um ihre Interpretation. Vergangenheit ist weniger eine Erinnerung als eine Geschichte, die wir uns erzählen. Und je besser sie uns gefällt, desto glücklicher werden wir. Das bestätigt die aktuelle Forschung. Der amerikanische Psychologe Philip Zimbardo hat mit seinem Kollegen John Boyd das Buch *Die neue Psychologie der Zeit* geschrieben. Darin untersuchen sie die Auswirkungen oft unbewusst eingenommener Zeitperspektiven und stellen fest, dass sowohl Individuen als auch ganze Nationen temporale Präferenzen besitzen: Man blickt entweder hauptsächlich von der Vergangenheit, der Gegenwart oder der Zukunft aus aufs Leben. Jede Zeitperspektive geht mit einer eher positiven oder einer eher negativen Ausrichtung einher – ob man beispielsweise ängstlich in die Zukunft blickt oder gute Dinge erwartet. Von diesen sechs Möglichkeiten sind einige glücksfördernd, andere sorgen für permanente Unzufriedenheit.

Ein negativer Blick auf die eigene Vergangenheit gehört zu den schädlichen Zeitperspektiven. Auch hier gibt es einen Unterschied zwischen dem, was geschehen ist, und der Geschichte, die wir uns darüber erzählen. Mit dem, was geschehen ist, zu hadern, ist ein Garant für Unglück, so groß das Leid und so berechtigt das Hadern auch sein mag. Genesung beginnt mit einem schlichten Annehmen dessen, was ist. Und dann geht es darum, was es für einen selbst bedeutet. Welche Elemente greife ich heraus, um sie zu erinnern? Welche Verbindung knüpfe ich dadurch zwischen Vergangenheit und Gegenwart? Wobei die aktuelle Situation dazu neigt, das Material des Gewesenen nach ihrem Bilde zu formen. Wie wenn man einen schlechten Tag hat, und das Leben einem erscheint wie eine Kette von schlechten Tagen. Doch es geht um mehr. Ohne einen positiven Blick auf unsere Vergangenheit haben wir keine Wurzeln und kein Gefühl existenzieller Kontinuität. Und obwohl es nicht möglich ist, die Vergangenheit zu ändern, liegt es an uns, auf welche Weise wir sie erinnern wollen. Dafür hilft es, sich Fragen zu stellen, die zum Perspektivwechsel einladen: Was habe ich aus dieser Erfahrung gelernt? Was waren die positiven Seiten? Mit welcher Geschichte kann ich Trauriges, Niederlagen oder Enttäuschungen in Lebenserfahrung verwandeln?

Auch Zimbardo und Boyd verweisen darauf, dass der erste Schritt darin besteht, die Vergangenheit so, wie sie sich zugetragen hat, anzunehmen. Dafür kann man ganz bewusst von dem gegenwärtigen Augenblick ausgehen. Denn was auch immer passiert ist: Wenn es mich zu dem Menschen gemacht hat, der jetzt durch meine Augen blickt, war es gut. Selbstannahme in der Gegenwart führt automatisch zu einem versöhnlicheren Blick auf die eigene Geschichte, sind wir doch ihretwillen der Mensch geworden, der wir sind.

Eine weitere Möglichkeit, um positiver auf die eigene Vergangenheit zu blicken, ist Dankbarkeit. Schon die Positive Psychologie hat die Wichtigkeit dieser Haltung betont, und Zimbardo und Boyd schreiben ebenfalls, dass sie der Königsweg zu einem guten temporalen Selbstverhältnis ist. Um die Dinge bewusst wieder zurechtzurücken, schlagen sie vor, zwei Wochen lang jeden Morgen aufzuschreiben, wofür wir dankbar sind. Das ist nicht nur ein Weg, die eigene Wahrnehmung zu erziehen und die Freude in seinem Leben zu erhören, sondern auch eine Möglichkeit, sich besser kennenzulernen.

Ich habe beim Dankbarkeitslistenschreiben wieder gemerkt, was ich für ein Vergnügen an frischen Blumen habe oder wie wichtig mir die Gespräche mit A. sind. Und wie gut es mir tut, nach dem Schönen und Erfreulichen in meinem Leben zu suchen – das andere macht sich schon laut genug bemerkbar.

Mit einem positiven Blick auf unsere eigene Vergangenheit arbeiten wir an dem Fundament, auf dem wir stehen. Dabei ist das, was unserem Leben letztlich Bedeutung verleiht, nicht das, was uns geschieht, sondern unser Blick darauf. Die Auswahl der Perspektive liegt allein in unserer Hand. Denn Glück ist auch: eine gute Geschichte.

Gegenwart

Ein Leben – nur ein winziges Aufschimmern
der Zeit zwischen zwei Ewigkeiten.
THOMAS CARLYLE

Jetzt. Ich sitze vor dem Schreibtisch, neben mir ein Tee, der langsam kalt wird. Jetzt. Ist das mein Leben? Jetzt. Jeder Augenblick, der vergeht, wird sofort dubios: Ist es wirklich so gewesen? Stimmt meine Erinnerung? Irre ich mich?

Jetzt. Ja, es ist dein Leben. Jetzt. Wieder sind ein paar Sekunden vergangen, Zeitflocken, die eine frische Schicht bilden auf dieser Unbegreiflichkeit, die »mein Leben« heißt. Dieses Leben, mein Leben zu verstehen, erscheint mir unmöglich und selbstverständlich zugleich. Gewiss ist, dass auch ich mich auf einem Zeitpfeil erstrecke, der von der Vergangenheit über die Gegenwart in die Zukunft reicht, obwohl die Zeit mir manchmal wesentlich organischer und vor allem kreisförmiger erscheint – wie wenn man sich an Weihnachten an die Weihnachten in den Jahren davor erinnert.

Dabei machen wir alle individuelle Erfahrungen mit unserer Zeitlichkeit – ob der innere Zeitpfeil beispielsweise von links nach rechts geht oder von unten nach oben. Ob die Vergangenheit ein Gebirgsmassiv ist oder ein riesiger Zettelkasten. Und ob man auf die Zukunft hinlebt, oder sie uns entgegenkommt. Gewiss ist nur, dass wir uns alle in den drei Dimensionen des Temporalen wiederfinden, und es, wenn wir Zimbardo und Boyd und ihrer *Neuen Psychologie der Zeit* folgen, dem Glück förderliche Perspektiven auf Vergangenheit, Gegenwart und Zukunft gibt.

Die Vergangenheit ist das Reich des Unabänderlichen, und doch ändert sich ihre Gestalt mit unserer Anschauung. Auch die Gegenwart ist schwer zu fassen – ist sie doch ewig und flüchtig zugleich. Sie ist der Ort, an dem wir tatsächlich leben. Heimat der Sinne und letztlich alles, was wir haben. Zwischen dem, was war, und dem, was sein wird, liegen diese Sekunden des Jetzt; der einzige Ort, an dem wir wohnen können. Und der einzige Ort, an dem Glück ist – wenn es uns begegnet, wenn wir es uns bewusst machen, wenn wir uns daran erinnern.

Meine Gegenwart ist meine Vergangenheit von morgen. Und zugleich meine Zukunft – was ich heute tue, werde ich wahrscheinlich auch nächste Woche tun. Doch selbst hier zeigt die Zeit ihren Januskopf: Die Gegenwart kann ein Ort des Immergleichen sein oder eine Kette unbestimmter Momente, die man ergreifen kann, um die Richtung zu ändern. Oder sich neue Gewohnheiten zuzulegen. Fest steht dabei nur, dass alle Schlachten, um die es jemals gehen wird, jetzt geschlagen werden. Und jetzt. Und jetzt.

Dabei spielt es eine Rolle, wie sehr man sich auf dieses Jetzt überhaupt einlässt. Zimbardo und Boyd sprechen in ihrem Buch von dem »Paradoxon der Gegenwart«. Einerseits ist eine gewisse Orientierung auf den Moment unerlässlich, um das Leben zu spüren und zu genießen. Andererseits führt eine Fixierung auf den Augenblick zu einer Art infantilen Stagnation. Denn der Mensch ist das Tier, das planen kann. Um etwas Wertvolles zu schaffen oder sich komplexere Sachverhalte anzueignen, müssen wir lernen, unsere Gegenwart gegen unsere Zukunft einzutauschen. Das funktioniert aber nur, wenn es eine Vorstellung von Zukunft gibt. Die negative Zeitperspektive »fatalistische Gegenwart« tritt auf, wenn Menschen nicht daran glauben, dass das, was sie tun oder unterlassen, einen Einfluss auf die Zukunft hat. Diese Hoffnungslosigkeit ist oft das Produkt schwieriger Lebensumstände, von Armut, Gewalt oder schwerer Krankheit.

Dem gegenüber steht das, was wir Hedonismus nennen: ein Interesse an allem, was Spaß macht, verbunden mit einer gewissen Abneigung gegen Impulskontrolle. Ein Leben ohne Augenblicksgenuss ist zäh und trocken. Ein Leben nur im Augenblick ist pubertär. Irgendwo dazwischen liegt die »goldene Mitte«, von der schon Aristoteles gesprochen hat.

Am erfüllendsten ist laut Zimbardo und Boyd eine temporale Perspektive, die sie »holistische Gegenwart« nennen. Diese ganzheitliche Jetzigkeit, oder besser gesagt, diese Gleichzeitigkeit von Vergangenheit, Gegenwart und Zukunft lässt sich nur durch Hingabe und Bewusstheit erreichen. Und doch kann man sich Momente vorstellen, an denen sich das Leben rund anfühlt, in denen die Vergangenheit präsent ist, die Zukunft eine Richtung hat und die Gegenwart in ihrer flüchtigen Schönheit wahrgenommen und genossen wird.

Das Jetzt ist unser bester Verbündeter auf der Suche nach dem Glück. Hier wird alles entschieden, solange unser Leben währt. Und obwohl sich dieses Leben manchmal ganz geheimnislos und vorhersehbar anfühlen kann, steckt in jedem Augenblick auch die Möglichkeit einer ganz anderen Zukunft.

Zukunft

Die wahre Großzügigkeit der Zukunft gegenüber
besteht darin, in der Gegenwart alles zu geben.

DER MENSCH IN DER REVOLTE, ALBERT CAMUS ›

Morgen. Übermorgen. In einem Jahr. Gibt es das überhaupt?
Die Zukunft ist noch rätselhafter als die Vergangenheit. Einerseits leben wir auf sie zu, andererseits leben wir aus ihr
heraus. Unsere zukunftsbezogenen Ängste und Hoffnungen, Wünsche und Pläne bestimmen unser gegenwärtiges
Handeln. Ein andauerndes Gespräch zwischen dem Menschen, der wir sind, und dem, der wir werden möchten. Die
Zukunft zu erreichen heißt, das Erträumte zu vergegenwärtigen und sinnlich erfahrbar zu machen: Das ist die Gitarre,
die ich immer schon haben wollte; das ist das Projekt, das
ich abgeschlossen habe; schau, jetzt kann ich Suaheli.

Aber wie entsteht eine Vorstellung von Zukunft? Was
braucht es, damit wir ein Gefühl für unser Morgen bekommen? Zimbardo und Boyd haben einige Bedingungen notiert. Die wichtigste ist private und politische Stabilität.
Unberechenbare Verhältnisse wie Krieg, Umstürze oder
Hungersnöte führen eher zu einer fatalistischen Gegen-
wartsperspektive, die kein Gefühl für eine mögliche Zukunft
hat. Und deshalb auch keine reale Zukunft, was angesichts
der Tatsache, dass wir Menschen alle temporal orientierte
Wesen sind, eine entsetzliche Erfahrung ist.

Neben einem gewissen Maß an Berechenbarkeit und Verlässlichkeit ist auch das Leben in einer gemäßigten Klimazone wie in Deutschland von Vorteil, weil dort die Jahreszeiten besser antizipiert werden können. Doch der Klimawandel hat uns verunsichert – die Sommer sind zu heiß, die Winter nicht mehr schneereich –, und er hat damit auch unsere eigene Zukunft ungewisser gemacht.

Neben äußerer Beständigkeit ist die Fähigkeit zur inneren Beständigkeit ein wichtiger Faktor. Sowohl Schule als auch Universität sind Trainingslager für Selbstbeherrschung und Planung. Wir lernen, uns in der Zeit zu erzählen, Fristen einzuhalten, selbst gesteckte Ziele zu formulieren, anzuvisieren und zu erreichen. Aber das muss man sich erst einmal leisten können – Zukunft ist ein Privileg der Bessergestellten. Und damit auch die bevorzugte temporale Orientierung der meisten westlichen Menschen.

Ein aufs Kommende ausgerichtetes Leben hat durchaus Vorteile: Man gibt die Steuer rechtzeitig ab, geht zur ärztlichen Vorsorgeuntersuchung und achtet auf genügend Bewegung. Zukunftsmenschen bringen zu Ende, was sie anfangen, sie sind Macher, Problemlöser und zuverlässige Arbeitstiere. Zugleich sind sie sich ihrer Sterblichkeit bewusst. Das Leben wird immer auch vom Ende her gedacht und beinhaltet oft Bausparverträge, Lebensversicherungen und Testamente.

Doch es gibt auch negative Seiten: Eine starke Zukunftsorientierung ist genussfeindlich und führt zu einem immer stärker werdenden Gefühl von Zeitknappheit. Alles, was man sich Gutes tun will, wird auf ein unbestimmtes Morgen verschoben, jetzt muss gearbeitet werden. Wenn Impulskontrolle zur totalen Kontrolle wird, sind wir der Zukunft ins Netz gegangen – und drehen uns im Hamsterrad des unerreichbaren Später, ohne jemals wieder bei der Gegenwärtigkeit unseres Lebens anzukommen.

Dennoch ist Glück auch eine Vorstellung von der eigenen Zukunft. Was will ich in den nächsten Jahren erreichen? Wonach sehne ich mich, was möchte ich verwirklichen? Und wie kann es mir gelingen, das, was ich mir erträume, Realität werden zu lassen?

Wie Ziele und Vorsätze, lebt auch eine gute Zukunft vom Konkreten. Idealerweise bauen wir einen gangbaren Weg von unserem Ziel in den Alltag, unser Jetzt. Alle guten Dinge brauchen unsere Aufmerksamkeit, unsere Hingabe, unser Durchhaltevermögen. Die Zeit vergeht, und wenn wir uns nicht gegen den Strom stellen und auf diesem oder jenem beharren, fließen die Tage formlos vorbei. Doch die Zeit nimmt uns nicht nur unser Leben, wenn wir nicht aufpassen, sie lässt auch kleine Dinge wachsen und verwandelt gute Ansätze in verlässliche Gewohnheiten.

Ohne eine Vorstellung von Zukunft verharren wir im Stadium der Adoleszenz – jeder Augenblick ist eine Ewigkeit, und der nächste Tag scheint wie ein fernes Land. Ist er aber nicht. Er ist ganz nah, und er hat ein gutes Gedächtnis. Alle Handlungen haben Folgen. Wenn ich heute zu viel trinke, habe ich morgen Kopfweh. Wenn ich jetzt den Kuchen esse, habe ich später einen vollen Magen. Wenn ich meine Arbeit heute nicht mache, muss ich sie morgen erledigen. Die Zukunft ist erbarmungslos. Denn ihr Wesen besteht darin, sich zu ereignen. Und unser Glück hängt davon ab, wie wir mit diesem Wissen umgehen.

Ausgeglichenheit

> Die Summe unseres Lebens sind die Stunden,
> in denen wir liebten.
> WILHELM BUSCH

Ich blicke auf die dunkle Maserung des Tisches, auf dem mein Computer steht. Mein Mund ist noch ein bisschen verbrannt von dem Tee, den ich zu heiß getrunken habe. Das Licht meiner Lampe strahlt in einem matten Grün. Ein Bündel aus Sinneseindrücken und Empfindungen, Augenblick um Augenblick, mein Leben. Diesen Haufen ordne ich immer wieder neu, je nach Stimmungslage, Absicht oder Adressat. Sein Inhalt ist fest, die Form jedoch flüssig. Sie kann sich dennoch einschleifen; wir alle haben Lieblingsgeschichten über uns selbst, zentrale Metaphern, die uns erklären. Doch angesichts der schieren Masse des möglichen Materials wirken diese bevorzugten Selbsterzählungen auf den zweiten Blick zufälliger, als sie auf den ersten erscheinen mögen.

So ist es eben. Auf der einen Seite der Haufen, die konkrete Materialität unsers Daseins, auf der anderen das, was wir daraus machen, und die Bedeutung, die wir ihm geben. Ton und Hand. Stein und Meißel. Wir können keinen Elefanten in eine Maus verwandeln, aber wir können weglassen und highlighten, bündeln und ablegen. Ziel ist es, über uns selbst eine Geschichte zu erzählen, die wahr ist, Sinn macht und, wenn möglich, Glück verheißt. Dafür ist es hilfreich, auch temporale Ordnungsprinzipien zu verwenden. Aber gibt es so etwas wie eine ideale Zeitperspektive?

Ausschließlichkeit bedeutet immer auch Reduktion. Den Rückwärtsgewandten fehlt es an Gegenwart, den Hedonisten an Zukunft und den Zukunftsorientierten an Genuss. Die Lösung liegt dazwischen. Nach langer Forschung haben Zimbardo und Boyd in ihrem Buch eine ideale temporale Orientierung beschrieben: einen sehr positiven Blick auf die Vergangenheit, kombiniert mit einem milden Gegenwartshedonismus und einer ebenfalls gemäßigten, doch vorhandenen Zukunftsorientierung. Liebe deine Wurzeln, genieße das Leben und baue darauf, deinen Zielen jeden Tag ein Stückchen näherzukommen.

Doch warum so viel Gewicht auf der Vergangenheit? Sollen wir etwa alle Nostalgikerinnen werden?

Die Autoren sprechen nicht von Nostalgie, sondern von der eigenen Geschichte. Denn was ich heute von mir denke, ist die Grundlage meines morgigen Handelns. Wenn ich mir meine Lebensgeschichte als eine Abfolge von Enttäuschungen und Machtlosigkeiten erzähle, gibt es keinen Grund, für die Zukunft auf Besserung zu hoffen. Der Mensch ist ein Gewohnheitstier. Einmal Elend, immer Elend. Deshalb ist Dankbarkeit eine der allerwichtigsten Glücksstrategien. Es geht darum, sich immer wieder mit sich und seinem Leben zu versöhnen. Und darum, den Scheinwerfer mit jedem Blick zurück in die Vergangenheit minimal zu verschieben: weg von den Anklagen und Niederlagen, hin zu Momenten von Stärke und Verbundenheit. Das ganze Panorama ändert sich, wenn man die Beleuchtung ändert. Ziel dieses Prozesses ist es, Frieden mit allem, was war, zu schließen. Und damit Frieden mit sich selbst.

Milder Gegenwartshedonismus ist einfacher zu verstehen. Das Leben ist jetzt, die Genüsse sind jetzt, unsere Freude ist jetzt. Wer sich nie einer Situation überlassen kann, einem Impuls, einer kleinen Torheit, der kann sich schnell leblos fühlen. Jetzt bedeutet Überraschung, Übermut, Spontaneität, die Fülle des Lebens und der Geschmack der Welt. Um der Gegenwart wieder nahe zu kommen, raten die Autoren, sich auf den Atem zu konzentrieren. Oder auf ein paar einfache Fragen: Wer bin ich? Wann bin ich? Wo bin ich? Und wie fühle ich mich?

Und die Zukunft? Sie ist unser Leitstern, eine Orientierung an Zielen, die wir uns selbst setzen. Alles, was je erschaffen oder geleistet wurde, war zunächst eine Vision. Ein Mensch ohne Zukunft ist eine gebrochene Gestalt. Ein Mensch mit zu viel Zukunft ist ein Sklave. Auch hier muss der aristotelische Mittelweg gefunden werden.

Letztlich geht es um Angemessenheit. In jeder Situation so zu handeln und zu reagieren, dass wir in ihr vorkommen und sie uns meint. Arbeiten, wenn es zu arbeiten gilt, spielen, wenn wir spielen möchten, alten Geschichten zuhören, wenn sich die Chance bietet. Eine ausgeglichene Zeitperspektive versöhnt uns mit der Vergangenheit, lässt uns die Gegenwart genießen und gibt uns Energie für die Zukunft. Dafür lohnt es sich, die eigenen temporalen Verkrustungen immer wieder in Augenschein zu nehmen. Was war, was ist, und was soll sein? Wovon habe ich zu viel, wovon zu wenig? Und wie kann ich meine Perspektive ändern?

Der Haufen ist, was er ist. Es liegt an uns, auf welche Weise wir darauf blicken. Und welche Geschichten wir aussuchen, um unserem Dasein Bedeutung zu verleihen.

Rückfälle

Werde, der du bist.

SØREN KIERKEGAARD

Je älter ich werde, desto mehr Regeln habe ich. Kostbare Gewohnheiten, handgeschriebene Handlungsanweisungen und fein kalibrierte Routinen. Sie sind das Ergebnis langer Selbstgespräche, gewürzt mit Erfahrung und Leid. Denn Glück ist auch: die eigene Betriebsanleitung lesen zu können. Und danach zu handeln.

Wer glücklich werden will, muss sich selbst kennen. Bei sich bleiben. Und sich zugleich entfalten. Wir fühlen uns wohl, wenn es in unserem Leben eine Atmosphäre des Wachstums gibt, ein langsames Werden hin zu einem Später, wenn wir auf eine noch verbindlichere Weise wir selbst geworden sind. In dieser Selbstentbergung ist jeder Mensch sein eigenes Material, von eigener Hand in Form gebracht. Diese Entwicklung ist ein langer und ganzheitlicher Prozess; eine Reise hin zu uns, unserer Seele, unseren wahren Wünschen und Bedürfnissen. Hier geht es nicht um Äußerlichkeiten wie Selbstoptimierung oder die irrige Vorstellung, wir seien nicht gut genug und Produkt X oder Y würde endlich Abhilfe schaffen. Sondern es geht um unsere innere Entfaltung hin zu dem Menschen, als der wir gemeint sind – unserem eigenen Tempo gemäß und im Einklang mit der jeweiligen Lebensphase.

Diese Bewegung, ernsthaft begonnen, gibt uns ein stilles Gefühl der Zufriedenheit und führt zugleich zu immer neuen Selbstanweisungen: Du sollst nicht trinken, sagt es dieser Tage zu mir, du hast die Freuden der Nacht genossen, aber jetzt bist du älter geworden, und andere Dinge sind von Bedeutung, und ich nicke, weil: Wo ich recht hab, hab ich recht. Du sollst auch nicht dieses oder jenes essen, weil Zucker dir nicht bekommt, sagt es weiterhin, und überhaupt: Was die in die Wurst tun. Die armen Tiere. Es wird dir übrigens auch guttun, wenn du besser kochen lernst, und ja, ich spreche von frischem Gemüse und der Eroberung der Hülsenfrüchte. Ja, sage ich, du hast wohlgesprochen, ich verstehe, dass das alles zu meinem Besten ist und dass alles zusammenhängt, das, was ich in mich hineintue und was ich stattdessen meide, weil es bei der Suche nach Glück eben um alles geht, um das Banale und das Gewichtige, ich habe es verstanden und will mich ändern. Hand drauf.

Und so sprechen wir mit uns, jeder auf seine eigene Weise. Fassen Pläne, wollen uns bessern, sind voller Entschlossenheit. Und dann passiert es: Rückfall. Wieder das letzte Glas nicht gefunden, wieder Kuchen gegessen, wieder bis in die Puppen gesurft. Ach, ach, ach.

Rückfälle sind unvermeidlich. Deshalb ist es ratsam, sie nicht als Versagen zu werten, sondern als Umweg und Bekräftigung. Denn nur weil wir schon ein Gefühl für die richtige und förderliche Richtung haben, erkennen wir sie überhaupt als solche. Und im Schmerz des nächsten Tages liegt zugleich die Entschlossenheit zu einem besseren Morgen.

Bestenfalls sind wir nach einer Weile in der Lage, Rückfälle gut zu planen. Dafür müssen wir lernen, auf unsere Schwäche ebenso zu vertrauen wie auf unsere Stärke. Denn wir haben durchaus ein Gefühl dafür, wenn es mal wieder so weit ist. Die Kunst besteht in der Gestaltung. Und darin, den Rückfall so richtig zu genießen. Wenn schon Alkohol, dann das gute Zeug mit den liebsten Menschen. Wenn schon Kuchen, dann den besten. Und wenn schon Surfen, dann bitte schön eingekuschelt und mit ein paar Snacks.

Ein guter Rückfall versöhnt uns mit dem Leben: Er erkennt sowohl unser Streben als auch unsere Fehlbarkeit an. Doch vor allem lehrt er uns, sanftmütig mit uns umzugehen. Heute gescheitert? Morgen ist auch noch ein Tag. Übermäßige Schuldgefühle sind für Anfänger, und Selbstgeißelung ist kontraproduktiv. Am Ende geht es um Demut: Ja, ich bin gierig und faul und schrecklich gefräßig, aber morgen will ich es besser machen. Oder übermorgen. Vor allem verdiene ich es, trotz alledem geliebt zu werden. Und in dieser großmütigen Zärtlichkeit, da liegt es doch, das wahre Glück.

Kleine Reisen

Besuche jedes Jahr einen Ort, den du nicht kennst.
DALAI LAMA

Ich sitze in einem Zug, während die englische Landschaft vorbeirauscht und der Himmel sich langsam verdunkelt. Die Wolken sind flacher und plastischer als im Nordosten Deutschlands; das Licht bestrahlt sie wohl in einem anderen Winkel. Ab und zu bleibt mein Blick an einem Gebäude hängen – Fabrikschlote, brauner Backstein, dicht gedrängte Häuschen. Dazwischen Schattierungen von blühendem Grün.

Es fühlt sich gut an, unterwegs zu sein, vielleicht auch, weil es etwas erfahrbar macht, das wir leicht aus dem Blick verlieren: die Tatsache, dass wir stets in Bewegung sind – vom Jetzt zum Dann, vom Heute zum Morgen, von der Geburt zum Tod. Dabei ist Glück die Kunst, währenddessen ein Höchstmaß an Vergnügen zu empfinden. Oder Intensität. Und sei es nur ein immerwährendes Staunen über die unerschöpfliche Schönheit der Welt.

»Alles fließt«, sagt Heraklit. Alles ist im Wandel begriffen. Wir Menschen sind alle Reisende im Strom der Zeit, in die Zukunft geschoben von ihrem unerbittlichen Verrinnen. Es gibt keinen festen Boden, keine Garantien, keine Sicherheit. Es gibt nur die Dinge, an denen wir festhalten, auch wenn wir wissen, dass es letztlich vergeblich ist. Das betrifft nicht nur unser Engagement für alles, woran wir glauben und was uns am Herzen liegt, sondern ebenso unsere falschen Wünsche und irrigen Vorstellungen. Wie die Hoffnung, das Leben möge innehalten, damit man sich besinnen kann. Oder sich rückwärts drehen, damit man Versäumtes nachholen oder sich noch einmal von einem geliebten Menschen verabschieden kann. Weit verbreitet ist außerdem der Wunsch nach Kontinuität, im ökonomischen Kontext spricht man von Planungssicherheit. Und es stimmt ja auch – eine gewisse Verlässlichkeit ist unabdingbar, wenn wir gut leben und zusammenleben wollen. Zu viel Verlässlichkeit jedoch ist nur ein anderes Wort für innere Erstarrung. Dann werden die mannigfaltigen Wunder der Wirklichkeit vom grauen Alltag verschluckt, und wir schaffen es tatsächlich, uns einzureden, das Leben sei langweilig. Oder, schlimmer noch, wir selbst.

In solchen Zeiten tut es gut, eine kleine Reise zu unternehmen. Wenn wir uns bewegen, bewegt sich etwas in uns. Jede Ortsveränderung trägt eine simple Botschaft in sich: Es könnte auch anders sein. Wir könnten anders leben, essen, schlafen; die Wolken könnten anders sein, die Sonne, die Luft. Und jede Lebensform wird zu einer Form unter vielen anderen Formen.

Auch die kleine Reise hat viele Gesichter – sie beginnt mit dem Ausflug und endet kurz vor dem großen Rucksack. Um sie anzutreten, müssen wir nicht ins Flugzeug steigen, sondern uns einfach nur an einen Ort begeben, der neu für uns ist und dort so viel Zeit verbringen, wie wir gerade erübrigen können. Denn manchmal reicht es schon, nur ein bisschen mit der Fremde zu flirten.

Also gut, kurz nach England. Küste, Krabben, kaltes Meer. Ein unbekannter Ort, eine unbekannte Stadt, minimales Gepäck. Gerade die Kürze der Zeit lässt jedes grüne Blatt einzeln aufleuchten; sie macht den vorbeigleitenden Kirchturm einmalig, adelt den *Cream Tea* und macht die Gespräche kostbar. Kürze produziert Aufmerksamkeit, und in dieser bewusst genutzten Zeit liegt schon das Wichtigste, was die kleinen Reisen uns lehren können: Sei da, schau hin, genieße. Alles ist einmalig, alles ist kostbar, alles ist flüchtig. Nutze die Zeit, anstatt sie zu bedrängen, schau dich satt an allem, was du noch nicht kennst, und sage allen Lieben, die du triffst, sogleich, wie viel sie dir bedeuten. Denn morgen bist du wieder fort.

Der Zauber des Neuen wirkt auch in der Kürze. Jeder Abstand vom Alltag lässt uns wieder begreifen, wie groß die Welt ist. So groß, dass wir niemals an ihr Ende kommen, dass hundert Leben nicht ausreichen, alles zu sehen. Kurz zu verreisen, ist wie an einer Blume zu schnuppern: zart und verheißungsvoll. Jede kleine Reise ist eine Ode an das Vielleicht. Es könnte so sein, aber auch anders, wir könnten hier sein oder dort – zurück bleibt ein Gefühl fürs Mögliche. Und damit auch für den Menschen, der wir sein könnten, wenn wir beschlössen, glücklicher zu werden.

Die anderen

Jeder ist verantwortlich für alle anderen.

FJODOR DOSTOJEWSKI

Ich war auf dem Flohmarkt, der Himmel wolkenverhangen, warmer Wind. Die meisten anderen Einwohner von Berlin waren ebenfalls da. In Doppel- und Tripelreihen drängten sie sich vor den interessantesten Ständen, bildeten lange Schlangen an den Futterstellen und bevölkerten alle verfügbaren Sitzmöglichkeiten. Menschen. Alles voller Menschen. Könnte so schön sein hier, nur diese Leute ...

Über Glück nachzudenken heißt auch, über die anderen nachzudenken. Dabei geht es nicht nur um tiefe soziale Beziehungen zu wenigen Menschen, sondern ebenso um alle anderen Formen, in denen sich unsere Spezies selbst begegnet: als Masse, als Gedrängel, als Schlange. Als Haufen, als Fremde, als Ärgernis. Wobei Letzteres uns vor allem etwas über uns selbst verrät. Denn während unsere liebsten Menschen uns immer auch als den Menschen sehen, der wir gerne wären, sind wir in der Öffentlichkeit nicht mehr und nicht weniger, als wir tatsächlich sind.

Dabei gleicht unsere Beziehung zu den unbekannten Mitmenschen einem Selbstgespräch, bei dem hauptsächlich unsere eigene innere Lage auf die Umgebung projiziert wird. Es kann sehr entlastend sein, auf Mitmenschen zu schimpfen, die stören, sich vordrängeln und auch sonst kein Benehmen haben. Ganz anders als man selbst, versteht sich. Inneres Unbehagen auf äußere Umstände zu schieben, ist ein Klassiker der Triebabfuhr. Das Sichtbare wird zum Platzhalter für das Unsichtbare, und eine oberflächliche Ordnung scheint hergestellt – nicht ich bin das Problem, sondern ihr seid es.

Glück beginnt, wenn wir von uns absehen und den anderen ansehen können. Und obwohl wir Menschen viel gemeinsam haben, sind wir zugleich auf geheimnisvolle Weise verschieden. Jede und jeder von uns ist einzigartig. Es gibt keine Masse von Menschen, selbst wenn es uns manchmal so vorkommt. Es gibt nur Einzelne, Einmalige, Unersetzliche. Jeder Mensch ist eine eigene Welt. Mit eigenen Gesetzen, eigenen Landschaften und höchst individuellen Ansichten bezüglich dessen, was in diesem Leben schadet und nützt.

Diese Fremdartigkeit gilt es auszuhalten, auch wenn sie uns Angst macht, weil sie uns daran erinnert, dass wir weniger wissen, als wir glauben. In der Andersheit des anderen spiegelt sich der Abgrund, der trotz aller Gemeinsamkeiten zwischen uns ist. Ein Abgrund, der sich zwar temporär überbrücken lässt, aber immer wieder auftaucht, und sei es in der Tatsache, dass wir alleine sterben müssen.

Das Leben ist und bleibt eine persönliche Angelegenheit. Und so führen uns die anderen immer wieder zu uns selbst zurück. Das Maß an Liebe, das wir für uns selbst aufbringen können, gleicht dem Maß an Liebe, das wir für die anderen übrig haben. Denn auch wir sind ein Mensch, auf den wir blicken, mit Liebe oder mit Verachtung. Und allen Facetten dazwischen.

Sich anzunehmen heißt, die anderen anzunehmen. Und die anderen anzunehmen heißt, sich selbst anzunehmen, denn im Gesicht der Masse erblicken wir unser eigenes Menschsein. Und werden zugleich an unsere Menschlichkeit erinnert. Dabei bleibt die Masse nie lange amorph. Schon fokussiert sich der Blick, und die Aufmerksamkeit bleibt hängen: vielleicht bei einem kleinen Mädchen, das Eis isst, oder bei einem Mann, der schöne Kleider verkauft. Und schon gehen mir die Leute nicht mehr auf die Nerven, sondern sie gehen mich etwas an. An dieser Stelle spricht der Philosoph Emmanuel Levinas von einer »Anrufung durch das Antlitz des anderen«. Ein Angesprochen-Sein, auf dass wir antworten müssen, weil es uns zugleich in die Verantwortung nimmt.

Man kann kein glücklicher Misanthrop sein. Wenn wir die anderen Menschen verabscheuen, begehen wir Verrat an uns selbst. Denn auch die dichteste Menschenansammlung besteht aus Menschen, die letztlich alle so sind wie ich. Die Masse ist eine Illusion, die entsteht, wenn zu viele Leute zu wenig Platz haben. Sie ist eine Illusion, weil es nur Einzelne gibt, solche, die sind wie wir und doch ganz anders; ein tröstlicher Schrecken und ein Quell zärtlichen Staunens. An den guten Sonntagen. Wenn ich ihr Zeug kaufen darf, anstatt von ihnen bedrängt zu werden.

Trauer

Wenn Trauer eine Arbeit ist, so ist derjenige,
der daraus hervorgeht,
kein fades, sondern ein moralisches Wesen.
TAGEBUCH DER TRAUER, ROLAND BARTHES

Die Sonne ist herausgekommen, nachdem drei Tage lang
schlechtes Wetter war. Der Wind spielt in den Blättern, und
der Himmel hat dieses sanfte Blau, das mich an die italie-
nischen Meister erinnert. Es ist schön draußen. Die Welt
hat sich herausgeputzt, die Straßen sind voller heiterer Fla-
neure, es duftet nach Flieder und frischer Farbe.

Ich bleibe zurück. Im Laufe des Tages hat sich eine
Schwere meiner bemächtigt, eine Traurigkeit. Ich denke an
einen geliebten Menschen, der langsam verlorengeht, ich
denke an alles andere, was mir genommen wurde, und an
das Leid, das ich selbst verursacht habe, ob mit Absicht oder
aus Torheit. Im Herzen der Welt ist etwas Unbegreifliches.
Etwas, das wir nur erahnen können; davon zu sprechen ist
unmöglich. Was sind schon Worte?

Wir leben in einer Zeit, in der nur noch ein Bruchteil unseres Menschseins zur Sprache kommt. Der Tod wird ver-
schwiegen, Leid muss alleine und möglichst rasch bewältigt
werden, und übermäßige Wehmut ist beinahe ein Charakter-
fehler. Gute Laune ist so obligatorisch wie gute Gesundheit.
Fitness, Fun und Funktionalität bilden die seelenlose Trias

moderner Selbstoptimierung. Wehe den Stillen, den Traurigen, den Langsamen. Ihrer ist vielleicht das Himmelreich, aber auf Erden: Fehlanzeige. Bitte schön zu Hause bleiben und den anderen nicht den Spaß verderben.

Doch in unserer Trauer liegt eine stille Würde. Die Welt ist, wie sie ist, ein unablässiger Wirbel aus Formen und Farben und Formationen. Alle nur erdenklichen Situationen geschehen gleichzeitig, jetzt, in diesem Moment, irgendwo auf unserem Planeten. Menschen werden geboren, Menschen sterben, Menschen verlieben sich, verraten sich, versöhnen sich. Es gibt Erhabenes und Banales, Akte größter Güte und niedrigster Brutalität. Jetzt passiert es. Jetzt. Und jetzt. In diesem unermesslich bewegten Bild leuchten auch wir, jeder und jede eine einmalige Farbe im schimmernden Gewebe des Seins.

Wer soll uns ernst nehmen, wenn wir es nicht selbst tun? Das Leben kümmert sich nicht um unseren Schmerz. Es ist die rasende Bühne, auf der wir einen kleinen Auftritt haben, und dass alles einfach weitergeht, ist die größte Obszönität von allen – und zugleich das größte Glück.

Wer trauert, sagt für einen Augenblick: Halt. Er sagt: Ich möchte mich nicht ablenken, ich halte meinem Leid die Treue und denen, die ich liebte. Ich will stehenbleiben und für einen Moment die Welt vergessen, um mich zu erinnern. Und ich möchte nicht getröstet werden, denn für gewisse Dinge gibt es keinen Trost. Niemals. Es liegt ein Glück in unserer Schwere. Und in unserer Trotzigkeit. Was sind wir denn ohne die Momente, in denen wir sagen: Ich bin nicht einverstanden, und ich werde niemals einverstanden sein!

Das Leben ist eine Erfahrung, die angemessenen Ernst verlangt. Ironie ist die Krankheit der Schwerelosen; eine bittere Illusion, die auch noch das tiefste Gefühl mit einem

Goldlack aus falscher Gleichgültigkeit überzieht. Erst wenn wir einsehen, dass es eben nicht wieder gutzumachen ist, erst wenn wir den kalten Schauer der Endgültigkeit spüren, die Unwiederbringlichkeit jedes einzelnen Moments, nehmen wir das Leben ernst. Und damit auch uns selbst.

Das beginnt bei unseren Gefühlen. Auch an einem strahlend schönen Nachmittag. Denn obwohl die Welt lacht, fühle ich Trauer; eine, derer ich mich nicht entledigen muss wie eines unangenehmen Gastes. Nein, sie darf einfach da sein, genau wie alles andere. Diese Trauer erinnert mich an längst vergessene Gedichte, sie verlangt nach einer gewissen Art von Musik und vielleicht nach einem kleinen Spaziergang. Ich nehme die Einladung an; es gibt viel zu besprechen. Und in diese samtige Schwärze hinein mischt sich immer wieder ein heller Glanz; es ist unmöglich, an das zu denken, was wir verloren haben, ohne uns daran zu erinnern, was wir dennoch besitzen.

Unsere Gefühle sind niemals unsere Feinde. Im Herzen jeder Empfindung wohnt nichts als Schlichtheit; es geht um Liebe, um Wut oder um Einsamkeit. Oder um nackte Angst. Doch es gibt nichts, was nicht zu ertragen wäre. Nur das Abwenden ist auf Dauer unerträglich. Denn glücklich ist nicht der, der keine Trauer kennt, sondern der, der mit ihr umzugehen weiß. Und das beginnt, wenn wir anfangen, ihr zuzuhören.

Unzufriedenheit

Die Schwachen kämpfen nicht.
Die Stärkeren kämpfen vielleicht eine Stunde lang.
Die noch Stärkeren kämpfen viele Jahre.
Aber die Stärksten kämpfen ein Leben lang.
Diese sind unentbehrlich.

BERTOLT BRECHT

Die Welt ist nicht gerecht. Die Menschen sind nicht gleich und werden auch nicht gleich behandelt, obwohl sie gleich viel wert sind. Alles vergeht. Und auch wir müssen sterben. Nichts davon ist angehalten, einen versöhnlich zu stimmen. Aber auch negative Emotionen können zu wertvollen Verbündeten auf dem Weg zum Glück werden. Dieses Glück meint weder Erfüllung noch Sorglosigkeit, sondern das Gefühl, man selbst zu sein und das eigene Dasein bejahen zu können. Dazu müssen wir wissen, wer wir sind und was uns gefällt – und ebenso, was uns aufbringt, stört und traurig macht.

Von der weltverändernden Kraft dieser negativen Emotionen schreibt Eva Illouz in ihrem Buch *Das Glücksdiktat*. Denn nicht aus freudiger Selbstliebe, sondern aus Wut, Enttäuschung und Unzufriedenheit gehen Menschen auf die Straße, organisieren sich, beharren auf etwas. Ohne Unzufriedenheit mit dem, was ist, gibt es keine Revolution, keine Innovation, keine Veränderung.

Das gilt auch fürs eigene Leben. Die Kunst besteht darin, nicht in der Kritik des Mangelhaften zu verbleiben, sondern ihm eine Alternative entgegenzuhalten. Doch dafür muss das Feuer des Nicht-Einverstandenseins erst einmal zu lodern beginnen. Es bietet sich an, eine kleine Liste anzufertigen. Titel: Was mich stört. An mir, an den anderen, an der Welt im Allgemeinen und im Besonderen. Denn oft wissen wir nicht, was wir wollen. Doch was uns empört, nervt und verärgert, ist meistens umgehend abrufbar.

Alles ist erlaubt, nichts ist zu bedeutungsvoll, nichts zu banal. Die Erderwärmung, Hungersnöte, dass Frauen hierzulande immer noch weniger verdienen als Männer. Dass ich immer noch viel zu viel Zeit im Netz verbringe, dass Tiere in Lagern gehalten werden, dass meine Katze den Teppich zerkratzt. Dass Deutschland kein kostenloses Breitbandinternet hat, dass es eine digitale Totalüberwachung gibt, dass der Hass wächst. Und so weiter. Meine Liste ist ziemlich lang geworden. Und es hat Spaß gemacht, sie zu schreiben. Wenn die Liste fertig ist, ist es ratsam, darüber nachzudenken, was wir ändern können und wo wir machtlos sind. Bei meiner Katze beispielsweise muss ich die Waffen strecken – nicht aber bei dem Wunsch nach einem Leben, das bewusster mit Ressourcen umgeht.

Über das Störende nachzudenken ist ein guter Weg, den Dingen ins Auge zu sehen. Denn alles, was den Abgrund zwischen dem, was ist, und dem, was sein sollte, in eine konkrete Form fasst, hilft, ihn zu überbrücken. Weil wir es doch immer wissen, ganz tief in uns drin, wo der Hund begraben liegt und was nicht stimmt mit uns, unserem Zusammenleben oder der Welt. Diese Unzufriedenheit ist der Motor aller Veränderungen. Das betrifft auch unsere Gesellschaft. Ohne Menschen, die eine andere Welt für möglich halten und zugleich dafür sorgen, dass sie konkret erfahrbar wird, indem sie Menschen aus dem Mittelmeer retten, sich für das Klima engagieren oder für die Gemeinwohlökonomie, gäbe es wenig Hoffnung auf gesellschaftlichen Fortschritt.

Wir brauchen die Unzufriedenheit mindestens ebenso wie den Idealismus. Denn es liegt an uns, die Regeln unseres Lebens und Zusammenlebens zu verändern. Wir müssen uns selbst erziehen, als Individuum und als Gattung. Es gibt keine übergeordnete Macht, die uns ermahnt, dass es so wirklich nicht geht. Das müssen wir uns schon selbst sagen. Wir sind die Verursacher unserer Verhältnisse, im Kleinen wie im Großen. Wer dagegen ständig alle anderen zur Verantwortung zieht, ob die Eltern, die Gesellschaft oder den Kapitalismus, spricht sich dadurch auch unbewusst die Macht ab, etwas zu ändern. Und alles bleibt, wie es ist.

Wir haben die Wahl. In jeder Sekunde können wir uns entscheiden, für das Richtige oder für das Falsche, das Anständige oder das Bequeme, für das, was uns näher zu uns führt oder immer weiter von uns weg. Sich der eigenen Unzufriedenheit auszusetzen ist unbequem, lästig, manchmal schmerzhaft. Am Ende steht eine große herrliche Trotzigkeit: Es ist nicht zu fassen, dass es immer noch so viel sinnloses Leid gibt, so viel Ausbeutung, so viel Umweltzerstörung. Dass die Welt so ungerecht ist, die Katze so unbelehrbar, und dass ich selbst so ungeduldig, inkonsequent und gefräßig bin. Mit all dem bin ich nicht einverstanden und werde niemals einverstanden sein, und nur an dieses immerwährende Nicht-Einverstandensein zu denken, belebt mich auf eine angenehm borstige Weise. Das genügt dann für eine Weile, und ich kann mich wieder an den blühenden Kastanienbäumen erfreuen, denn darum geht es eben: die große Unversöhnlichkeit und das kleine Glück.

Trost

So ist es auf Erden: Jede Seele wird geprüft
und wird auch getröstet.

DER JÜNGLING, FJODOR DOSTOJEWSKI

Falsch abgeworfene Bomben töten zahlreiche Zivilisten.
Eine kleine Insel wird von einem Tsunami überrollt, viele
Bewohner ertrinken. Ein junger Mensch erkrankt und stirbt.
Warum geschieht so etwas? Wessen Schuld ist das? Wer lässt
unser Leid zu?

Hinter diesen Fragen steckt das bereits in der Antike formulierte Theodizeeproblem – Theodizee heißt Gottesgerech-
tigkeit –, in dessen Zentrum die Frage steht, wie ein Gott zulassen kann, dass Leid auf der Welt geschieht. Dabei ist nicht
nur von Belang, dass überhaupt etwas Schlimmes passiert,
sondern auch das Warum. Viele Welterklärungssysteme,
ob sie religiös, psychoanalytisch oder esoterisch ausgerich-
tet sind, versuchen, sinnloses Leid in sinnvolle Erzählungen zu verwandeln. Schuld sind die Erbsünde, der Wieder-
holungszwang, das Gesetz der Anziehung. Alles Mögliche,
nur nicht der blinde Zufall. Diese Erzählungen sind äußert
erfolgreich. Denn wir Menschen können den Gedanken
kaum aushalten, dass vieles einfach passiert, dass die Welt
einfach ist, wie sie ist, Schönheit und Schrecken und tief-
blaues Abendlicht.

Aber es geht nicht nur um unser Bedürfnis, dem Leben

Bedeutung zu verleihen und es dadurch verstehbar und vor allem bewohnbar zu machen. Es geht auch um Einflussnahme und Gestaltungsfreiheit. Denn Schuld hängt eng mit Verantwortung zusammen. Das kann einerseits bedeuten, neoliberalen Outsourcing-Strategien anheimzufallen und strukturelle Probleme wie mangelnde Aufstiegschancen oder menschenunwürdige Löhne als persönliches Versagen zu begreifen. Es kann aber auch heißen, dass man sich durch Verantwortungsübernahme ermächtigt und dadurch das Gefühl bekommt, etwas ausrichten und ändern zu können: Ich kann nichts dafür, dass mir dieses oder jenes geschehen ist, aber es liegt allein in meiner Macht, wie ich darauf reagiere und damit umgehe.

Dennoch bleibt die Frage nach der Deutung dessen, was geschieht, eine zutiefst persönliche Angelegenheit. Einem Menschen, der Hunger, Gewalt oder Katastrophen ausgesetzt war, zu sagen, dass alles, was uns geschieht, durch unsere eigene Schuld geschieht, ist bestenfalls ignorant, schlimmstenfalls zynisch. Es gibt etwas Unerklärliches im Herzen der Welt, und solange wir uns anmaßen, fremdes Leid in irgendwelche Sinnzusammenhänge zu stellen, befreien wir uns von der Pflicht, für seine Verminderung zu sorgen.

Das gilt jedoch nicht für unser eigenes Leid. Wir können es deuten, und wir müssen es auch. Denn jedem von uns werden Dinge zustoßen, die selbst bei wohlmeinendster Interpretation traurig, sinnlos und schmerzlich sind. Die Verwandlung jeden Leides beginnt damit, es anzunehmen. Und sie vollendet sich in unserer Fähigkeit, aus allem Sinn machen zu können. Was nichts anderes heißt, als eine Geschichte zu finden, mit der wir leben können und die uns zugleich wieder mit diesem Leben versöhnt. Doch es geht nicht nur darum, dem, was uns widerfährt, einen Sinn zu geben. Sondern ebenso um die Frage, was uns tröstet. Und niemand kann mir die Aufgabe abnehmen, darüber nachzudenken, was mich erheitert, was mich wärmt, was mir Kraft gibt, Hoffnung und Geborgenheit.

Was ist der Sinn meines Lebens? Was habe ich aus leidvollen Erfahrungen gelernt? Hat mir der Schmerz nicht nur Dinge genommen, sondern auch Dinge gegeben? Was macht mir Hoffnung, und worauf hoffe ich? Und was gibt mir Zuversicht?

Es tut gut, immer wieder über diese Fragen nachzudenken. Denn die Antworten verändern sich, wenn wir älter werden. Allerdings gilt für jedes Lebensalter: Der billigste Trost ist die Betäubung. Selbstauflösung im Rausch, im Spektakel, im romantischen Wahn oder den Angelegenheiten anderer Leute. Das Erwachen ist bitter, weil wir dann ebenso mit dem Leid konfrontiert werden, vor dem wir weglaufen wollten, wie mit der verlorenen Zeit. Deshalb ist es ratsam, sich an das zu halten, was echten Trost verspricht: Selbsterinnern und Selbstvergessen. Beide helfen gegen die Traurigkeit. Und keines von beiden hat es nötig, so zu tun, als gäbe es sie nicht.

Selbsterinnern ist eng mit dem Trotz verwandt – ein Aufbäumen, ein wildes Schütteln. So nicht! Oder es ist leise und zärtlich, wie ein Kinderlied. Jedenfalls ist es eine ganz bestimmte Form, unsere Form, die einmalige und scharf konturierte Gestalt unserer Einmaligkeit, die sich langsam wieder aus dem Dunkel erhebt und sagt: Ich bin hier. Ich bin am Leben. Und ich sage, trotz allem, wieder Ja.

Selbstvergessen ist amüsanter. Es nimmt seinen Anfang, wenn wir nicht mehr mit unserem Leid hausieren gehen. Es entfaltet sich, wenn wir den Dingen der Welt wieder erlauben, uns davonzutragen – Natur, Kultur, andere Menschen.

Und es gewährt uns seine Gnade, wenn wir uns endlich wieder hingeben und mitreißen lassen.

Auch Tätigsein tröstet. »Don't cry, work«, sagte der Schriftsteller Rainald Goetz in einem Interview. Heul nicht, arbeite. Obwohl man arbeitend vor sich selbst weglaufen kann, liegt eine praktische Weisheit in diesen Worten, die nicht nur auf schwierige Schaffensprozesse verweisen, sondern an die schlichte Tatsache erinnern, dass sich das Leben letztlich nur handelnd bewältigen lässt. Und dass sich auch die größte Düsterkeit ein wenig verringert, nachdem man eine Stunde lang geputzt hat, gehört zu den Wundern unseres Daseins.

Güte

Lass es nicht zu, dass ein Mensch
nach einer Begegnung mit dir
nicht glücklicher ist als zuvor.
MUTTER TERESA

Dieses Zitat von Mutter Teresa steht auf einem kleinen Zettel, den ich vor einiger Zeit aus irgendeiner Zeitschrift gerissen habe. Immer wieder habe ich daran gedacht. Nicht an den genauen Wortlaut, eher daran, dass dort eine Forderung gestellt wird, die so wahr und gewaltig ist wie das Medium, auf dem sie mich erreichte, bedeutungslos. Ich habe mich vor diesem Satz gefürchtet. Er stammt ja auch von einer Heiligen. Wir sind ja nicht alle so gute Menschen. Aber ihre Worte erinnern uns daran, dass ebendies vielleicht ein erstrebenswertes Ziel wäre.

Immer noch geht es um Trost. Unser Leid hat viele Gründe, manchmal ist es schlichtweg sinnlos. Aber es liegt an uns, wie wir damit umgehen. Wichtig ist, dass der Schmerz da sein darf, anerkannt wird, Raum bekommt. Aber es tut auch gut, sich auf die richtige Weise abzulenken. Schönheit tröstet, besonders dann, wenn wir sie genießen können, ohne sie besitzen zu wollen. Ja, du Abendhimmel, dich meine ich, dich und dein strahlendes Azurblau und die grünen sonnensatten Blätter, und dich, du Licht auf Wasser und Kunst und Blumen, und diese gewissen Gespräche. Das trägt schon. Eine Weile. Und dennoch sind diese Dinge ego-istisch und klein vor dem schlichten Satz, den Mutter Teresa formulierte. Denn edler als die Sorge um sich ist die Sorge um andere.

Wenn du unglücklich bist, weine nicht, sondern mache einen anderen Menschen glücklich. Die Anteilnahme am Leben und den Nöten anderer ist die wirkungsvollste Ablenkung vom eigenen Leid. Wenn wir uns selbst nicht mehr klagen hören können, sollten wir einem anderen zuhören. Wenn wir uns selbst nicht zu helfen wissen, können wir dennoch einem anderen beistehen.

Am Ende geht es allein darum, dass ein Mensch Trost erfährt. Dass ihm zugehört wird, geholfen, dass für ihn vielleicht mehr Großzügigkeit und Liebe und Verständnis aufgebracht wird als für einen selbst. Güte vermehrt das Gute in der Welt. Und genau darin liegt ein stiller Trost, so wahr und fern wie die Sterne in einer Wüstennacht.

Der beste Weg, um selbst glücklich zu werden, besteht darin, andere glücklich zu machen. Das steht in einer Vielzahl von Glücksbüchern, und das ist auch der Kern von Mutter Teresas kleinem Satz. Vielleicht ist Selbstvergessen doch ein wirksamerer Trost als Selbsterinnern. Denn es liegt ein großes Glück darin, von sich abzusehen. Die Last der Existenz nicht mehr bedeutungsvoll vor sich herzutragen, sondern in aller Bescheidenheit dafür zu sorgen, dass sie einem anderen nicht allzu schwer wird.

Das heißt keinesfalls, dass wir uns selbst nicht wichtig nehmen sollten. Diese Sorge um sich hat aber nichts mit Trost zu tun. Der findet sich eher in der Einsicht, dass uns Menschen trotz aller Individualität und Einmaligkeit mehr verbindet als trennt, dass wir alle verletzlich sind und sehnsüchtig und uns wünschen, geliebt zu werden. Doch diese

Liebe kann man selbst nicht einfordern. Aber – und darin liegt ein großes Geheimnis – man kann sie geben. Weil es doch schön wäre, wenn es so etwas auf der Welt gäbe. Weil wir untergehen würden ohne diejenigen, deren eine Hand die eigene Bürde trägt, während die andere jemanden stützt, der strauchelt. Weil hier auf Erden ein düsterer Ort wäre ohne Güte, Zärtlichkeit und Anteilnahme.

Trotzdem bleibt die Würde des Guten um seiner selbst willen. Es ist oft die beste aller Alternativen, sich an etwas aufzurichten, das die eigenen Bedürfnisse übersteigt. Weil es eben an uns liegt, an jedem und jeder Einzelnen von uns, was diese Welt für ein Ort ist. Und wenn wir wollen, dass es hier auf Erden Freundschaft und Liebe und Anteilnahme gibt, müssen wir schon selbst dafür sorgen. Denn wie Erich Kästner einst formulierte: »Es gibt nichts Gutes, außer man tut es.«

Glaube

Die Menschen glauben fest an das,
was sie wünschen.

GAIUS JULIUS CAESAR

Ist ein guter Mensch ein glücklicher Mensch? Oder ein altruistischer Narr? Stets Gutes zu tun, ist nicht machbar. Alle Menschen zu lieben, ist unmöglich. Auf die christliche Forderung der Nächstenliebe antwortet Freud in *Das Unbehagen in der Kultur* mit Skepsis: »Warum sollten wir das? Was soll es uns helfen? Vor allem aber, wie bringen wir es zustande? Meine Liebe ist etwas mir Wertvolles, das ich nicht ohne Rechenschaft verwerfen darf. Wenn ich einen anderen liebe, muss er es auf irgendeine Art verdienen.«

Der Mensch ist nicht gut. Oder schlecht. Wenn es etwas gibt, das uns ausmacht, dann ist es die Tatsache, dass wir eine Wahl haben. Ich bin gierig und ungeduldig und selbstgerecht, aber ich kann mich in jedem Moment dafür entscheiden, maßvoll und langmütig und bescheiden zu sein. Unsere Freiheit liegt darin, uns zu unseren inneren Impulsen verhalten zu können. In diesem kleinen Raum findet das immergleiche Gespräch statt: ein Dialog zwischen dem Menschen, der ich bin, und dem, der ich sein möchte. Ach, es ist kein Dialog. Es ist ein Ringen.

Glück ist die Fähigkeit zur Selbsterziehung. Und zur Einsicht. Denn ich bin glücklicher, wenn ich mich am Guten orientiere, anstatt bloß auf meine Wünsche und Bedürfnisse zu achten. Das Gute zu tun, leicht und aus innerer Neigung, nennt man Tugend, sagen die alten Philosophen. Analog zu den sieben Todsünden gibt es sieben Tugenden, vier antike – Weisheit, Tapferkeit, Mäßigung, Gerechtigkeit –, und drei christliche: Glaube, Liebe und Hoffnung.

Beginnen wir mit dem Glauben. Nun ja. Ich bin nicht christlich. Wenn ich an etwas glaube, dann daran, dass es die Aufgabe eines erwachsenen Menschen ist, zu werden, wer er ist, sein Leben zu wagen und lieben zu lernen. Aber gibt es dennoch eine Verbindung zwischen Glauben und Glück?

Man geht davon aus, dass gläubige Menschen glücklicher sind als ungläubige. Das ist einleuchtend – die verschiedenen religiösen Erzählungen geben dem Leben und Leiden einen Sinn, und wenig macht uns elender als die Erfahrung von Ohnmacht und Bedeutungslosigkeit. Aber diese Option steht nicht allen offen, ganz abgesehen von der Tatsache, dass die christliche Kirche vielfach und zu Recht umstritten ist. Und vor allem – braucht es die Kirche überhaupt? Der Glaube an einen Gott ist unabhängig von seinen weltlichen Institutionen, und er hat so viele Formen, wie es Gläubige gibt.

Überhaupt, Gott? Auch das Göttliche hat viele Gestalten, ob als Gaia oder Quelle des Seins oder Götterpantheon. Oder eben große Skepsis, Atheismus, blinder Zufall. Auch der Unglaube ist irgendwie ein Glaube, also etwas, das wir uns erzählen, um Sinn zu machen aus der unbegreiflichen Tatsache unseres Hierseins. Am Ende glaubt jeder an irgendetwas, und es bringt großen Gewinn sich selbst zu befragen: Woran glaube ich? Woher kommt mein Glaube? Wenn ich an einen Gott glaube, wie ist er dann? Ist es ein gütiger Gott, oder ein zürnender, der nie zufriedenzustellen ist? Warum glaube ich das? Und wie beeinflusst mein Glaube mein Verhalten? Welches Benehmen wird belohnt und welches bestraft?

Ein Blick in unseren persönlichen Glauben ist ein Blick in unseren eigenen Maschinenraum. Denn wenn ich genauer hinschaue, glaube ich den ganzen Tag lang an alles Mögliche: dass diese oder jene Creme wirkt. Dass Wurst böse ist und Gemüse förderlich. Dass es sich lohnen wird, dieses oder jenes Buch zu lesen. Ein endloses Labyrinth. Trivialitäten neben Tiefgründigkeiten, alle verbunden durch unsere ungeheuerliche Fähigkeit, die Wirklichkeit mit unseren Vorstellungen zu überziehen. Glaube ist keine Tugend. Er ist eine Tatsache. Und das sollte sich jeder Mensch zu Nutze machen: Unser Glaube sollte uns bestärken und beglücken und bestenfalls dazu beitragen, dass diese Welt ein guter Ort ist. Denn das liegt an uns. Und nicht an irgendwelchen höheren Mächten.

Liebe

Größers wolltest auch du,
aber die Liebe zwingt
All uns nieder.

FRIEDRICH HÖLDERLIN

Romantische Liebe kann erschreckend sein. Wer ihr einmal zum Opfer fiel, weiß, dass aller Kitsch nur dazu dient, ihre lächerliche Monstrosität in mundgerechte Häppchen zu verwandeln. Liebe als Tugend jedoch ist diesem reißenden Wolf ein unschuldig Schäfchen. Und wie so oft geht es im christlichen Denken zuallererst um Gott. Ihn sollen wir lieben, und von ihm werden wir geliebt, und dann kommt eine Weile nichts, bis wir von Jesus dazu aufgefordert werden, auch noch unsere Nächsten zu lieben. Aber brav, bitte schön, mildtätig, zivilisiert und keinesfalls mit diesem gottlos brennenden Begehren. Doch wer einen anderen liebt, ist vor allem egoistisch. Der geliebte Mensch soll ganz und gar mir gehören und darf keine anderen Menschen haben neben mir. Irgendetwas haben Religion und Liebeswahn also doch gemeinsam. Dabei zielt die Religion eindeutig auf ein größeres Publikum: Nicht einen Menschen, sondern alle Menschen sollen wir lieben, und nur wer vermittelt durch Gottes Wort liebt, ist dabei tugendhaft. Aber geht das denn? Und macht es glücklich?

Freud spricht von drei typischen Quellen des Unglücks:

unserem Körper, der Außenwelt und den anderen Menschen. Aneinander leiden wir meist am schlimmsten. Weil es eine ganz unschuldige Liebe vielleicht gar nicht geben kann, da wir uns nicht nur nach Zuneigung sehnen, sondern auch nach Macht streben. Wir können uns reine Liebe zwar vorstellen, weil wir Menschen uns alles vorstellen können und dazu neigen, an Ideen zu glauben und nicht an die Wirklichkeit. Doch die Beziehungen zwischen Eltern und Kindern, zwischen Freundinnen, Freunden, Geliebten und Familienmitgliedern sind von vielen Interessen bestimmt. Je näher man sich kommt, desto schmerzhafter kann es werden. In unserem Miteinander, vor allem im Nahbereich, ist Leid unvermeidbar. Das eigensinnige Kind, die enttäuschten Eltern, die missgünstige Freundin, der narzisstische Kumpel – Rollen, die wir kennen, und Rollen, die wir spielen. Weil wir Menschen alle schwierig sind, egoistisch, selbstbezogen und süchtig nach Anerkennung. Alles kein Wunder. Und das sollen wir lieben? Ja, schon. Wir haben doch nur einander, hier auf Erden.

Liebe im weltlichen Kontext hat mehr mit Empathie zu tun als mit Gottesfurcht: Sich selbst im anderen erkennen, der letzten Endes das will, was ich auch will. Sicherheit, Anerkennung und Entfaltung. Dabei befinden wir uns alle im Wettstreit um dieselben Ressourcen. Das führt entweder dazu, dass ich mit allen Mitteln meinen Platz am Futtertrog verteidige, oder aber dazu, dass ich verstehe, dass jeder andere das gleiche Bedürfnis nach und ein Anrecht auf einen Zugang hat, und ebendies meine eigene Gier reguliert.

Solidarität ist die weltliche Form der Nächstenliebe. Sie wird getragen von der Einsicht, dass wir wirklich gemeinsam hier sind und mein Glück getrübt wird, wenn ich es mit deinem Leid erkaufe. Es fällt mir persönlich immer noch schwer zu verstehen, dass die natürlichen Ressourcen begrenzt sind. Aber es stimmt. Und alles, was ich nicht verbrauche oder konsumiere, kommt einem anderen zugute. Oder unserem Planeten. Vielleicht müsste man ein neues Wort erfinden, etwa »Erdenliebe« oder »planetare Solidarität«.

Aber es geht ja gar nicht nur um die Erde oder die Menschheit. Es geht vor allem um diese wenigen anderen, die unser aller Leben bevölkern, diese einmaligen, notwendigen und unersetzlichen Menschen. Beim Umgang mit unseren Allernächsten ist unsere Fähigkeit, aufrichtig und vorbehaltlos zu lieben, der wichtigste Glücksgarant.

Am Ende geht es um Berührbarkeit. Liebesfähig sein bedeutet, ein Leben mit einer offenen Wunde auszuhalten, denn Verletzungen sind unausweichlich. Es geht darum, zum anderen Ja zu sagen. Wieder und wieder. Das ist das wahrhaftig Tugendhafte an der Liebe, auch ohne Gott. Wider besseres Wissen, wider den Verstand, wider das Kalkül. Lieben heißt Großmut, Verzeihen und Verzicht. Ihr Lohn ist unbezahlbar: Nähe. Und so schmiegen wir uns unter den kalten Sternen voller Sehnsucht aneinander und erfüllen selbst die Versprechen, die uns einst von einem fernen Schöpfergott gemacht wurden. Bis zum nächsten blöden Streit.

Hoffnung

Eines Tages wird alles gut sein,
das ist unsere Hoffnung.
Heute ist alles in Ordnung,
das ist unsere Illusion.

VOLTAIRE

Eine Sage erzählt von einem alten Herrscher, der seinem Sohn auf dem Sterbebett einen Ring überreicht mit den Worten: »Dies ist mein kostbarster Besitz. In den Augenblicken deiner größten Triumphe und in den Momenten deiner tiefsten Verzweiflung nimm ihn zur Hand und folge seiner Weisheit.« Der Sohn studiert die Gravur; dort steht: *Auch das geht vorbei.*

Der Wandel der Welt ist eine Tatsache, und glücklich ist, wer es schafft, sich darin immer wieder neu zu verorten. Alles ändert sich, wir müssen nur abwarten. Andererseits sorgt der, der einfach nichts tut, dafür, dass alles so bleibt, wie es ist. Sollen wir also lieber hoffen oder lieber handeln? Hoffen, sagt die Bibel, denn neben dem Glauben an Gott und der Liebe zu Gott gehört das Vertrauen auf zukünftiges Heil zu den drei christlichen Tugenden. Dabei hat dieses Gebot zu hoffen etwas von einer Wette mit Gott, der zu sagen scheint: Wenn du an mich glaubst, wirst du nach deinem Tode wieder auferstehen, und dein ist das ewige Leben in deinem Körper – sündenfrei, versteht sich.

Es ist zwar in der Geschichte der Menschheit noch niemand aus dem Jenseits zurückgekommen, aber das macht nichts – nicht, weil es beweisbar ist, sollst du glauben. Sondern weil es unmöglich ist – *Credo quia absurdum est*. Ich glaube, weil es der Vernunft zuwiderläuft. Skeptischere Naturen können da nur den Kopf schütteln. Wenn Religion die Hoffnung auf ewiges Leben ist, ist Philosophie die Kunst des ritterlichen Strebens. Wir sind hier, die Zeit ist begrenzt, und was danach kommt, wissen wir nicht. Epikur sagte: »Das schauerlichste Übel also, der Tod, geht uns nichts an; denn solange wir existieren, ist der Tod nicht da, und wenn der Tod da ist, existieren wir nicht mehr.« Das Übel ist folglich nicht der Tod, sondern die Angst vor dem Tod.

Wir können also auf ein Jenseits hoffen, oder uns, wenn wir uns nicht auf Epikurs eleganten Ratschlag einlassen, vor dem Tod fürchten. Beide Haltungen haben eines gemeinsam – das Jetzt wird zugunsten eines Später vernachlässigt. Entweder zolle ich der unwiederbringlichen Tatsache meines Hierseins zu wenig Respekt, weil das wahre Leben erst *nach* meinem Tod stattfinden soll, oder ich lasse Todesfurcht meine irdischen Tage trüben.

Ich selbst glaube, dass das wahre Leben genau jetzt und hier stattfindet. Wir sind, wir werden sein und irgendwann: Klappe zu. Gerade die Endlichkeit unseres Daseins ist es, die jeden Augenblick kostbar macht und unserem Leben seine Tiefe verleiht – falls wir den Mut aufbringen, uns ihr zu stellen.

Wenn wir also nicht auf ein Leben nach dem Tode hoffen sollen, weil wir es, bei aller Toleranz, einfach nicht wissen können, worauf sollen wir dann hoffen? Auf Gerechtigkeit, Gleichheit und globale Empathie? Das wäre schon schön, nur: Wer hofft, handelt meistens nicht. Erst im christlichen

Kontext wurde die Hoffnung positiv besetzt, in der Antike lag sie noch auf dem Boden der Büchse der Pandora, aus der einst alles Unheil entwich.

Denn Hoffnung impliziert auf subtile Weise, dass man selbst nichts für die erwünschte Veränderung tun müsste. Oder könnte. Das ist ein Irrtum. Alles ändert sich, das ist wahr, aber das bedeutet nicht, dass es besser würde. Es kann genauso gut schlechter werden. Wenn wir eine bessere Welt für uns allein oder für die gesamte Menschheit wollen, müssen wir sie selbst gestalten. Sie bloß zu erhoffen, ist eine bequeme Lösung. Eine, die alles so lässt, wie es ist.

Können wir also einfach nicht hoffen? Auch das ist unmöglich. In jedem von uns entwirft sich ständig eine mögliche Zukunft; wir träumen, fürchten und wünschen jeden Tag. Ohne Hoffnung ist das Leben eine traurige Angelegenheit. Obwohl wir uns dafür entscheiden können, Verantwortung für unser eigenes Glück zu übernehmen, liegt vieles einfach nicht in unserer Hand. Es schadet nicht, Vertrauen zu haben. Optimisten sind meistens die glücklicheren Menschen, weil ihr oft irrationales Zutrauen in günstige Entwicklungen sie Chancen wahrnehmen lässt, die resignierte Pessimisten gar nicht erkennen.

Hoffnung ist also ambivalent – sie kann uns durchaus glücklicher machen. Aber auch hier gilt: Erwarten ist gut, Handeln ist besser.

Mäßigung

Das Wasser nimmt nicht mehr Platz ein,
als es tatsächlich bedarf.
So gleicht es der Mäßigung.
KONFUZIUS

Der wichtigste Unterschied zwischen den christlichen und den weltlichen Tugenden besteht darin, dass die weltlichen erworben werden können, während Gott seine Gnade exklusiv und nach eher undurchsichtigen Kriterien verleiht. Die vier antiken Kardinaltugenden – Weisheit, Gerechtigkeit, Tapferkeit und Mäßigung – dienten bei Platon somit als Fixsterne für ein gelungenes Leben, und es liegt in der Macht der Einzelnen, sich mittels ihrer um die Vervollkommnung ihrer Seele zu bemühen.

Das ist auch bitter nötig. Denn ach, der Mensch ist fehlerhaft. Wir sind selbst der Feind unseres Glückes, mit unserer Gier, unseren Ansprüchen und unserem Gejammer. Und jedes Denken, das einen strengen Blick auf die Denkenden wirft, ist mir wesentlich sympathischer als großartige Versprechungen, die nur den Rechtgläubigen offenstehen, während der Rest in ewiger Verdammnis lodert.

Aristoteles hat sich auf die vier platonischen Tugenden bezogen und einen eigenen Akzent gesetzt: Die Kunst besteht darin, das rechte Maß zu finden. Tugend erscheint bei ihm als goldener Mittelweg zwischen zwei Extremen, eine subjektive Auslegung angemessenen und zuträglichen Verhaltens. Doch können uns die antiken Tugenden helfen, im 21. Jahrhundert ein glückliches Leben zu führen?

Ein guter Anfang ist es, über Mäßigung nachzudenken. Wenn unsere Gier der Motor des Kapitalismus ist – mehr, mehr, mehr! –, dann liegt in unserer Fähigkeit zur Selbstbeschränkung die einzige Möglichkeit einer gerechteren Welt. Gut, gut. Es geht eventuell auch ein bisschen kleiner. Nicht die allgemeine Maßlosigkeit, sondern die ganz persönliche Gier. Meine zum Beispiel. Von allen Tugenden spricht mich die Mäßigung an meisten an. Weil ich ihrer am meisten ermangle, will mir scheinen. Wann ist es genug? Genügend schöne Kleider, ausreichend zu essen, genug Vergnügen? Glücklich ist, wer sich ganz im Sinne von Aristoteles angemessen zwischen Genuss und Verzicht bewegen kann. Wenig ist unsympathischer als blasierte Übersättigung, wenig trister als verkniffene Freudlosigkeit. Die goldene Mitte, bitte. Nur wie?

Es mangelt nicht an Antworten. Nach vielen Jahren sind mir ein paar Dinge klar geworden. Ich kann nicht mehr als eine Hose auf einmal tragen. Ich kann nicht mehr essen, als in meinen Magen passt. Ich kann in jedem Moment nur an einem Ort sein.

Das Gegenteil von Mäßigung ist das Möglichkeitsleben. Ich bin zwar jetzt und hier, halte aber alles in Bereitschaft. Mein Kleiderschrank quillt über vor Frauen, die ich gerne mal sein würde, mein Kühlschrank könnte eine Großfamilie ernähren, und wo ich auch bin, beschleicht mich der Verdacht, dass es anderswo vielleicht besser wäre. Als Nichtchristin kommt so ein Dasein meiner Vorstellung von ewiger Verdammnis ziemlich nahe. Das Leben mit allen Möglichkeiten ist eine Illusion. Und wer ständig auf alle Eventualitäten vorbereitet ist, verliert aus den Augen, worauf er sich vorbereitet: das kurze und kostbare Leben.

Mäßigung ist eine sehr vernünftige Tugend. Wenn der Unterschied zwischen dem Ewigkeitsbewusstsein der Jugend und dem zukunftsgerichteten Handeln der Erwachsenen darin besteht, dass ich irgendwann weiß, dass dieses Stück Kuchen ein Nachleben hat, oder dieses zusätzliche Glas Wein mir den nächsten Morgen mit Kopfschmerzen verdunkelt, hilft mir die Mäßigung, der hedonistischen Jetzigkeit ein besonnenes Später entgegenzuwerfen. In Maßen, versteht sich. Es geht um Angemessenheit, nicht um Entsagung.

Die Mäßigkeit baut eine Brücke zwischen Gegenwart und Zukunft. Zugleich sorgt sie dafür, dass jeder von uns nicht mehr Platz einnimmt, als ihm zusteht. In einer idealen Welt. Die durchaus in unserer Hand liegt. Ein Gefühl für das persönliche Maß zu haben, sich dem fatalen Möglichkeitskarussell durch Vernunft und Selbstbeschränkung zu entziehen und endlich zu begreifen, dass genug tatsächlich genug ist, scheint mir ein Königsweg zu Gelassenheit und Zufriedenheit.

Aber ach – Königsweg heißt hier: eng und steinig. Das Eselchen muss hinaufbefördert werden, von gutem und strengem Zureden begleitet: Davon hast du doch schon zwei. Du bist doch schon satt. Das brauchst du wirklich nicht. Bockig schnaubt das Eselchen. Unerbittlich führt die Vernunft. Und lang ist der Weg zum Thron der Selbstbeherrschung.

Tapferkeit

Courage is grace under pressure.
ERNEST HEMINGWAY

Tapferkeit. Tapferkeit. Was bedeutet Tapferkeit? Ich trage dieses Wort in meiner Tasche wie einen alten Kieselstein; es schmeckt nach Rittern und Edelmut und der Hingabe an ein Ziel, das mehr ist als die Sorge um die eigenen Angelegenheiten. Tapferkeit ist eine der vier antiken Kardinaltugenden – sie beruht auf Weisheit, die uns befähigt, das Richtige auch als solches zu erkennen. Und auf Gerechtigkeit, diesem ewigen Traum von Wahrheit und Gleichheit. Aristoteles stellt die Tapferkeit zwischen Feigheit und Tollkühnheit – es geht also um eine Art besonnene Entschlossenheit. Tapferkeit beginnt mit der Anerkennung unserer Furcht, sie ist ihrer eingedenk und überwindet sie. Doch was hat sie mit unserem Leben heute zu tun, mit unserer satten und dabei immer prekärer werdenden Wirklichkeit? Und vor allem: Macht Tapferkeit uns glücklich?

Angst ist eine Grunderfahrung. Ob Sorge, ob Furcht, ob Bangen – das Menschentier kennt viele Formen des Unbehagens, und eine der beliebtesten Strategien im Umgang damit ist es, alles so zu lassen, wie es ist. Tapferkeit handelt. Sie meint die Fähigkeit, Grenzen zu überschreiten und mutig ins Unbekannte aufzubrechen, sowie das Vermögen, aufrecht für die eigenen Überzeugungen einzustehen. Auch wenn es unbequem ist. Vor allem dann. Beide Aspekte sind notwendige Voraussetzungen für ein Glück, das sich im Einklang mit unserer Seele befindet und nicht nur unserem Ego dient.

Je weiter man sich von diesem Einklang entfernt, desto weiter entfernt man sich von sich selbst – von der eigenen Stimme, dem eigenen Lied oder welches Bild auch immer den Moment beschreibt, wo ich mir am Ende der Nacht in die Augen blicke und weiß, was wahr und was gelogen ist. Nicht allgemein, nicht theoretisch, sondern in jedem einzelnen Moment meines eigenen Lebens. Weil ich vor mir für mich bürge und es von Bedeutung ist, ob mein Wort etwas gilt. Man soll bloß nicht denken, dass die Zeit für Ritterlichkeit oder Ehre mit der Tafelrunde untergegangen sei. Nein, sie ist jetzt und hier und immerdar.

O. hat ein lukratives Jobangebot bekommen – von einer Firma, die alles repräsentiert, was sie ablehnt. N. hat sich auf eine Liebesgeschichte eingelassen, deren süße Stunden schon jetzt mit dem Schmerz eines unwissenden Dritten bezahlt werden. E. hat einen Fehler gemacht, den bislang niemand aufgedeckt hat – der Schaden geht aber weiter.

Annehmen oder ablehnen? Bleiben oder gehen? Reden oder schweigen? Jeder und jede von uns ist täglich mit diesen kleinen oder größeren Entscheidungen konfrontiert; einsame, stille Momente, in denen sich der Charakter formt. Tugend ist nichts als eine gute Gewohnheit, geboren aus Einsicht in die Notwendigkeit der Selbsterziehung. Wo kämen wir denn hin, wenn alle hinschmeißen würden, nur weil es unwegsam wird oder man persönlichen Anfeindungen ausgesetzt ist?

Mehr als die anderen Tugenden lässt sich Tapferkeit als Haltung beschreiben. Weise kann ich auch im stillen Kämmerchen sein, in der theoretischen Weltabgewandtheit eines Studierzimmers, aber tapfer, das ist man nur mitten im Leben, in der ständigen Auseinandersetzung zwischen den eigenen Werten und Überzeugungen und der widerspenstigen Welt. Die Tapferkeit beweist sich im Handeln, genau da, wo es wehtut, wo etwas auf dem Spiel steht, wo man verletzt oder benachteiligt werden kann wegen dem, was man selbst für richtig hält.

Es kann tapfer sein, sich zu entschuldigen, obwohl es einem peinlich oder unangenehm ist. Es kann tapfer sein, jemanden im öffentlichen Raum zu verteidigen, obwohl man vielleicht Angst vor denen hat, die beleidigen oder belästigen. Und es kann tapfer sein, es immer wieder mit sich selbst und seinen Schwächen aufzunehmen, weniger zu konsumieren, mehr zu geben, bewusster zu leben. Nicht nur für die eigene Seele, sondern auch für unser gemeinsames Hiersein.

Wertvoll wird uns nur, worum wir uns bemühen müssen. Charakter hat man nicht, den erwirbt man sich: mühsam, leidvoll und unter ständigen Blessuren. Dafür gehört er einem dann auch; keine fremde Maske, sondern eine maßgeschneiderte Rüstung. Tapferkeit hilft uns, unser Leben zu wagen und dadurch zugleich zu gewinnen. Denn es liegt an jedem Einzelnen, der Ritter seines Daseins zu werden.

Gerechtigkeit

Alle wünschen sich ein glückliches Leben.
SENECA

B. hat erfolgreich die Steuer beschissen. A. hat seiner Tochter gute Noten gekauft. D. hat es geschafft, ihre Fehler einer Kollegin unterzujubeln. Die Welt ist nicht gerecht. Manchmal scheint es sogar so, als würden die bevorzugt, die nur an sich denken. Und als seien die, für die Gerechtigkeit erstrebenswerter ist als Ungerechtigkeit, nichts als romantische Schwärmer.

In der Antike nannte man sie tugendhaft. Gerechtigkeit ist eine der vier Kardinaltugenden, und man könnte sie als deren Krönung betrachten: Wer maßvoll ist, sich nicht auf Kosten anderer bereichert, weise Entscheidungen trifft und tapfer für seine Überzeugungen eintritt, der ist fast automatisch auch gerecht. Symbol der Gerechtigkeit ist die Waage – es geht um Balance und Ausgleich. Gerecht handelt folglich, wer seine eigenen Bedürfnisse und die der anderen gleichermaßen bedenkt.

Da wir modernen westlichen Menschen zumeist um unsere eigenen Angelegenheiten kreisen, sollte der Fokus in unserem Fall jedoch klar auf Letzterem liegen. Gerechtigkeit heißt also vor allem: auch an den anderen denken. Schnell kommen dann Fragen auf: Wessen Ausbeutung finanziert meine billigen Produkte? Warum ist des einen Profit des an-

deren zerstörter Lebensraum? Weshalb sind Spekulations-
gewinne fast immer individualisiert, aber Spekulationsrisi-
ken meist Sache der Gemeinschaft?

Dahinter steht jedoch eine viel grundsätzlichere Frage:
Warum sollte ich Gerechtigkeit überhaupt wollen? Was gehen mich denn die anderen an? Wir sind doch alle ganz verschieden: verschieden gestellt, verschieden tüchtig, verschieden wertvoll. Halt. Halt, halt, halt. Das stimmt so nicht. Im
letzten Punkt steckt schon die Antwort. Denn wir sind innerhalb der herrschenden Verhältnisse vielleicht unterschied-
lich brauchbar, aber unter allen Umständen gleich viel wert –
ganz egal, ob wir es uns leisten können, selbst für unsere
Bedürfnisse einzutreten, oder ob wir auf die Rücksicht der
anderen angewiesen sind.

Jeder Mensch ist eine einmalige Antwort auf die Frage
nach dem Menschen. Jedes Mitglied unserer Spezies zählt
eins, nicht mehr, nicht weniger. Die Grundlage der Notwendigkeit von Gerechtigkeit ist also unsere Gleichwertigkeit.
Und unsere Gleichartigkeit. Dafür muss man sich nur selbst
befragen. Ich beispielsweise möchte nicht hungern müssen.
Ich möchte nicht ausgebeutet werden. Und ich fände es unfair, wenn sich Menschen oder Unternehmen auf meine
Kosten einen Vorteil verschafften. Im Umkehrschluss wäre
es meine moralische Pflicht, dafür zu sorgen, dass auch ich
mir nicht auf Kosten anderer einen Vorteil verschaffe. Oder
mich bereichere. Oder jemanden leiden lasse.

Dabei ist es nicht einfach, Gerechtigkeit zu definieren.
Oder ein Gefühl dafür zu bekommen. Ganz anders ist es mit
der Ungerechtigkeit, für die wir seit frühester Kindheit ein
Gespür besitzen: wenn der Geburtstagskuchen unfair ver-
teilt wird, wenn sich eine mehr von den Süßigkeiten nimmt,
wenn jemand beim Spielen übergangen wird. Wir spüren

Ungerechtigkeiten, sogar körperlich. Und weil es in jedem von uns einen Widerhall dieses Unrechtsempfindens gibt, macht uns Gerechtigkeit auch glücklich. Weil eine Lüge aufhört. Weil etwas in Ordnung gebracht wurde. Weil die Welt für einen Moment so ist, wie sie sein sollte.

Und wie sollte die Welt sein? Jeder müsste die gleichen Chancen haben. Gleiches Geld für gleiche Arbeit bekommen. In Würde und Freiheit leben dürfen. Und warum wäre das wünschenswert? Weil uns Menschen, trotz aller Unterschiede, mehr verbindet als trennt.

Begründungen unserer Gleichheit gibt es viele, die zwei Folgenden erscheinen mir besonders überzeugend. Der Philosoph Bernd H. F. Taureck sieht unsere Gleichheit in unserer gemeinsamen Schwäche: Wir müssen alle sterben. Wir sind verletzlich und hilflos und beschützenswert, ob wir uns mit einem Panzer aus Gütern und Privilegien umgeben können oder in materieller Armut leben müssen. Denn jedem Menschen drohen die gleichen Feinde: Krankheit, Alter, Tod.

Der Wissenschaftsphilosoph Robert A. Wilson hingegen setzt einen anderen Akzent: Was uns verbindet, ist die Unendlichkeit der menschlichen Seele. Jeder von uns hat Anteil am Ganzen, in jedem von uns spiegelt sich die Weite des Kosmos. Das besagt auch der alte indische Gruß Namaste, dessen Bedeutung Gandhi einst folgendermaßen erläutert haben soll: »Ich ehre den Platz in dir, in dem das gesamte Universum residiert. Ich ehre den Platz in dir, wo, wenn du dort bist und auch ich dort bin, wir beide nur noch eins sind.«

So sind wir wohl, wir Menschentiere. Fragil und ewig zugleich. Jedes Exemplar von uns ist kostbar, wertvoll und unersetzlich. Trotzdem bleibt auf Erden alles, wie es ist. Gerechtigkeit ist nichts als ein Kindertraum, gesponnen aus Liebe, Einsicht und Mitgefühl. Aber wie sagte schon Freud: »Glück ist die Erfüllung von Kinderwünschen.«

Weisheit

Glück ist Talent für das Schicksal.
NOVALIS

Als ich anfing, Philosophie zu studieren, wusste ich alles. Ich war neunzehn Jahre alt, hatte einige Bücher gelesen, ein paar bewusstseinserweiternde Substanzen eingeworfen und das Wahre, Gute und Schöne in der Welt vor meinen Augen entdeckt. Ich hatte Glück. Die Lehrenden erbarmten sich meiner und brachten mir bei, wie man zuhört. Am Ende des Studierens nahm ich zwei Dinge mit: einen tiefen Respekt vor dem Denken der anderen und ein stilles Gefühl für das Ausmaß meiner Unwissenheit.

Weisheit ist die letzte der vier antiken Kardinaltugenden. Das Wort löst eine intuitive Reaktion aus, wird fast automatisch mit einem Inhalt gefüllt, der zugleich schwer zu definieren ist. Weltklugheit? Ein Gespür für Gesetzmäßigkeiten? Erfahrung, die sich zu Gewissheit verdichtet? Und kann man Weisheit lernen? Und wenn ja, macht sie glücklich?

Philosophie heißt Liebe zur Weisheit, was nichts anderes heißt, als dass man besagte Weisheit noch nicht hat, sondern sich ihr nähern möchte. Der Weg zur Weisheit beginnt mit Skepsis, Zweifeln, Ungewissheit. Auch in meinem Studium ging es erst einmal darum, das, was ich zu wissen glaubte, zu hinterfragen. In den ersten Texten, die ich las, fand ich nur mein Echo – alles, was mir begegnete, diente allein der

Bestätigung meiner eignen Überzeugungen. Doch die Beschäftigung mit großen Denkerinnen und Denkern verlangt Demut. Es ist fürs Erste vollkommen unerheblich, was ich selbst von Walter Benjamin oder Friedrich Nietzsche halte, viel wichtiger ist zu verstehen, was sie eigentlich zu sagen haben.

Neues lernen wir nur, wenn wir fähig sind, uns belehren zu lassen, und aushalten, dass die Dinge manchmal keinen Sinn ergeben. Es geht darum, vertrauensvoll ins Offene zu treten und von unerwarteten Gedanken und Bildern berührt und verwandelt zu werden. Diese Form von Weisheit ist eng mit unserer Glücksfähigkeit verknüpft – wie arm ist ein Leben, in dem man nur damit beschäftigt ist, seinen eigenen Reflexionen in den Gesichtern der anderen nachzujagen, ständig darauf lauernd, wieder zum Zug zu kommen?

Die Beschäftigung mit dem Wissen der Welt lässt einen ziemlich bescheiden zurück. Was bin ich vor der weltgewandten Tiefe eines Walter Benjamin, was vor dem geistigen Furor eines frühen Nietzsche? Klein bin ich, gestutzt und gebürschtelt. In dieser tief empfundenen Demut liegt eine große Gnade. Und ein ewiges Versprechen – lerne weiter, bilde dich, wachse am anderen. Glücklich ist, wer geistige Vorbilder akzeptieren kann, glücklich ist, wer damit leben kann, nicht alles zu wissen, glücklich ist, wer neugierig bleibt.

Dafür muss man nicht Philosophie studieren, denn die beste Schule ist das Leben selbst. Es geht um die Fähigkeit, zuzuhören, andere Meinungen, andere Seinsweisen gelten zu lassen und sich an unseren unvermeidbaren Unterschieden zu freuen, anstatt sie arrogant und töricht einzuebnen. Auf die Frage nach dem guten Leben gibt es so viele Antworten, wie es Menschen gibt – glücklich, wer einige davon wahrzunehmen bereit ist. Und sich von ihnen dazu einladen lässt, die eigenen Antworten immer wieder zu überprüfen.

In der Antike beschrieb man Weisheit als die Fähigkeit, in jeder Situation sichere Urteile zu fällen und gerechte Entscheidungen zu treffen. Weisheit ist nicht ewig, sie ist aktuell und durchaus pragmatisch. Was können wir wissen? Dass unsere Gewohnheiten unseren Charakter formen. Dass es keine Meisterschaft ohne Übung gibt. Dass Macht korrumpiert. Dass Spaziergänge wohltun, Rauchen schlecht für die Haut ist und man weniger Essen braucht, wenn man älter wird. Und dass Liebe nicht weniger wird, wenn man sie verschenkt, sondern immer mehr.

Weisheit ist ein Nachdenken über die unsichtbaren Gesetzmäßigkeiten des Daseins und die unweigerlichen Folgen unserer Handlungen. Dabei geht es nicht nur um Erkenntnis, sondern ebenso um deren Umsetzung. Als wüssten wir nicht alle mehr oder weniger genau, was wir zu tun hätten, wären wir bereits der Mensch, der wir gerne sein möchten. Wir tun es aber oft nicht. Deshalb sind wir nicht nur alle Künstler, sondern auch alle Philosophen, also Menschen, die sich um Weisheit bemühen müssen.

Am Ende ist die Weisheit die rätselhafteste aller Tugenden, sie hat Teil am Unbenennbaren, an der Tiefe der Dinge. Um ein Gefühl für sie zu bekommen, müssen wir dem anderen – Gedachten, Gesagten, Geschriebenen – einen Raum in uns geben und zulassen, verändert zu werden. »Ich weiß, dass ich nichts weiß«, sagt Sokrates. Auch dieser Satz ist so bedeutsam, wie wir ihn sein lassen – vom Geständnis eines heiteren Narren hin zu einem ewigen Staunen über das Werden der Welt. Es liegt an uns, wie wir ihn verstehen. Und ob wir bereit sind, das Glück in der Mannigfaltigkeit der Schöpfung zu suchen, anstatt in unserem eigenen Bauchnabel.

Lebenskunst

Von einer Belastung zur anderen
stößt dich das Leben,
die Muße wird man niemals genießen,
sie bleibt immer ein Wunschtraum.
SENECA

Ich stehe vor einem Bücherregal und ein farbiges Bändchen zieht meine Aufmerksamkeit auf sich: Seneca, *Das Leben ist kurz*. Ich schlage es auf und habe sofort das Gefühl, einem weisen alten Freund zuzuhören. Seneca spricht von allem, was auch jetzt ist. Wie soll man leben? Was ist nichtig, worauf kommt es an? Und wie schafft man es, gefasst zu sterben, ohne das schreckliche Gefühl, alles Wesentliche versäumt zu haben?

Während Platon als Gründungsvater einer theoretischen, abstrakten, manchmal auch lebensfeindlichen Auffassung von Philosophie gelten kann, steht Seneca in der Tradition einer Philosophie als Lebenskunst. Diese Art des Philosophierens ist praktisch orientiert und soll die Philosophinnen und Philosophen durch Übung formen. Ziel der Lebenskunst ist es, durch eine reflektierte Lebensführung tatsächlich besser und sinnvoller zu leben. Dafür stellt sich diese lebendige Philosophie der Frage nach dem Menschen und denkt darüber nach, was uns bekommt und was uns schadet. Und so, wie Platon auf das Regelhafte der ewigen

Ideen blickte, blicken die Philosophen der Lebenskunst nach innen, um dort die wechselhafte Natur des Menschen zu vermessen. Ihre großen Texte wie Epikurs *Philosophie der Freude,* Epiktets *Handbüchlein der Moral* oder Marc Aurels *Selbstbetrachtungen* begleiten uns seit Jahrtausenden. Frisch wie am ersten Tag warten sie darauf, wieder und wieder gelesen zu werden. Macht das glücklich? Ungemein.

Zu verfolgen, wie Seneca in *Das Leben ist kurz* mit spitzer Zunge von den Vielbeschäftigten spricht, denen, die ihrer Zeit gehören und nicht umgekehrt, schafft eine beglückende existenzielle Kontinuität. Wir sind mit unseren Problemen, unseren Süchten und unseren Eitelkeiten nicht allein. Es geht allen Menschen so. Schon im alten Rom war man hektisch und strebte nach Ruhm und Ehren, oder, wie Seneca abfällig bemerkt, nach Lust und Delikatessen, schon damals gab es lächerliche Moden, wie die Unsitte, sich in der Sonne zu dörren, weil man dachte, das brächte die Säfte in Ordnung. Und schon damals lautete die Frage aller Fragen: Wie finde ich Ruhe und Gelassenheit in diesem bewegten Leben? Und wie werde ich dabei Herrin über mich selbst, anstatt wie eine Törin durch die Tage zu stolpern?

Seneca hatte selbst ein wechselvolles Schicksal: 4 v. Chr. geboren, lernte er bei einem stoischen Philosophen, wurde verbannt, kehrte zurück und war Erzieher des Kaisers Nero, der später zu einem grausamen Tyrannen wurde. Auch Seneca blieb nicht verschont – Nero verlangte seinen Tod, und der Philosoph schnitt sich in einer berühmten Szene gelassen und klaglos die Pulsadern auf.

Jetzt liegt sein Buch vor mir, eigentlich ein Brief, den er einst an seinen Freund Paulinus adressierte, um diesen daran zu erinnern, was im Leben wirklich zählt. Er schreibt: »Jeder überstürzt sein Leben und leidet dabei, weil er das

Zukünftige herbeisehnt, am Gegenwärtigen aber Überdruss hat. Wer jedoch seine gesamte Zeit nur zu seinem eigenen Gebrauch verwendet, wer jeden Tag so gestaltet, als sei er der letzte in seinem Leben, der braucht das Morgen weder herbeizuwünschen noch zu fürchten. [...] Sein Leben hat er bereits in Sicherheit gebracht.« Immer wieder sinniert Seneca darüber, wie seltsam es sei, dass die Zeit, welche doch das Kostbarste wäre, am wenigsten geachtet würde. Sie wird vertan mit Geschäften, mit Genüssen und dem unausrottbaren Wunsch zu gefallen. Dabei sei es doch die Aufgabe des Menschen, sich um seine Seele zu kümmern.

Denn Ruhe hat nur der, der weiß, wer er ist. Der seine Meinungen und Überzeugungen kennt, prüft, korrigiert. Der von seinen Wünschen und Sehnsüchten weiß, von seinen Rechten und seinen Pflichten, von seinen Werten und von seinem Wert. Dafür braucht es Zeit. Es geht um einen Dialog mit der eigenen Seele, nicht um ein verzerrtes Abbild seiner selbst in den mannigfaltigen Spiegeln der Welt. Glücklich ist, wer sich angeblickt hat und sagen kann: Ich bin. Ich bin am Leben, ich bin jetzt, hier, an diesem Ort; dies sind die Farben meiner Seele, das ist meine Geschichte, das ist meine Haltung zu Menschen, Sachen und Zeitläufen. Worauf soll man sich stützen im Wandel der Welt, wenn nicht auf das Vermögen, sich selbst treu zu sein?

Was im alten Rom galt, gilt heute umso mehr. Schier unendlich sind die Ablenkungen, aber das Leben ist so kurz wie eh und je. Glück beinhaltet die Fähigkeit zur Selbstgewahrwerdung. Doch wie soll einer sein Leben lieben, wenn er nicht einmal weiß, wer er selbst ist? Wie soll eine lernen, von sich abzusehen, wenn sie sich noch nicht gefunden hat? Die Philosophie der Lebenskunst erinnert ihre Leserinnen und Leser daran, sich nicht selbst zu versäumen. Und es gibt nichts Besseres, um über sich und die Geheimnisse des Daseins nachzudenken, als die Gesellschaft der großen alten Denker.

Abenteuer

Nicht weil es schwer ist, wagen wir es nicht,
sondern weil wir es nicht wagen, ist es schwer.
SENECA

Es ist ein heißer, staubiger Tag. Die Sonne brennt mir ins
Gesicht, als ich aus dem Zug steige; Gransee, ein kleiner
Ort irgendwo in Brandenburg. Schon kommt ein Auto, um
mich abzuholen, wir fahren durch verdorrte Felder und hal-
ten schließlich vor einer großen Halle. Ein kleines silbernes
Flugzeug glitzert im Licht.

Kurze Zeit später habe ich einen orangefarbenen Anzug
an und höre einem Mann zu, der sagt: »Beim Absprung
müsst ihr die Banane machen. Und bei der Landung, ganz
wichtig, Beine hoch.« Ich habe ein bisschen Angst, aber es
geht. Wir gehen zu dem kleinen silbernen Flugzeug, neben
mir ist Q., mein neuseeländischer Sprungpartner. Er wirkt
freundlich und gelassen und strahlt diese selbstbewusste
Ruhe aus, die auch viele Surfer haben.

Wir steigen ein, der Pilot zieht steil nach oben, die braunen
Felder bleiben zurück, viele Bäume, ein paar Seen. Q. sitzt
hinter mir, und auf einer Höhe von 2000 Metern beginnt
er, uns an der Schulter und an der Hüfte mit Karabiner-
haken aneinanderzuketten. Währenddessen springen die
Ersten, sie tragen windschnittige Helme und Sonnenbrillen
und werfen sich mit wilder Eleganz aus der zugigen klei-

nen Tür. Huiiiii. Wir steigen weiter. Als wir 4000 Meter erreicht haben, bedeutet mir Q., langsam nach vorne zu rutschen. »Alles okay?«, fragt er, und ich nicke: »Alles gut.« Es ist tatsächlich alles gut, und das erstaunt mich. Ich bin im Begriff, aus einer Höhe von vier Kilometern gen Brandenburg zu springen, und mein Herz schlägt nicht einmal besonders schnell. Das Leben ist gerade einfach, konkret und voll süßer Schärfe.

Macht Gefahr glücklich? Ist etwas dran an den Geschichten von Adrenalinschüben, Berggipfeln und Momenten überwundener Todesangst?

In diesem Augenblick würde ich es bejahen. Was für eine herrliche Verrücktheit, denke ich, während draußen der Wind pfeift und ich langsam auf der Bank nach vorne rücke. Füße raus aus der Tür, hat Q. gesagt, der warm und fest hinter mir sitzt, und ich lasse meine Beine aus dem Flugzeug baumeln. Dann dieser köstliche Moment: ins Leere springen. Huiiiii, hinab, hinab ins flache Land. Nach diesem Moment kann man süchtig werden, das begreife ich sofort. Doch schon verwandelt sich die Leere in Luftwiderstand, und wir fallen zwar schnell, aber doch irgendwie gemächlich der Erde entgegen. Dann zieht Q. an der Leine, der Schirm geht auf, und wir sitzen in der Luft wie in einem Kettenkarussell. Die Erde kommt näher und näher, und ich erinnere mich daran, meine Füße hochzunehmen. Ich lande weich.

Adrenalin macht glücklich. Etwas Ungewöhnliches, Aufregendes und latent Gefährliches zu tun, hinterlässt ein Gefühl tiefer Befriedigung. Natürlich war mein Sprung aus dem Flugzeug ein kontrolliertes Risiko, ganz weit weg von tiefen Schluchten, einsamen Berggipfeln und reißenden Wildbächen. Das macht ihn für mich nicht weniger abenteuerlich. Letztlich geht es doch darum, die eigene Erkundungslust zu bejahen und dabei die inneren Grenzen zu verschieben. Und es geht darum, der eigenen Angst ins Auge zu blicken. Es kann die furchterregendste Sache der Welt sein, jemandem seine Liebe zu gestehen. Einen Kranken zu pflegen. Oder eine bindende Verpflichtung einzugehen.

Alles, was wir wagen, macht uns lebendiger. Wie leicht vergisst sich, dass das Leben kurz ist und alles nur so ist, wie es ist, weil man sich daran gewöhnt hat. Wie leicht vergisst sich, dass privilegierte Menschen wie wir auf eine geradezu verblüffende Weise frei und selbstbestimmt sind. Sein können. Obwohl wir zugleich alle voneinander abhängig sind. Und einander brauchen. Diese Dinge fallen einem dann wieder ein, in 4000 Meter Höhe. Sehr erfrischend. Und sehr beruhigend.

Abenteuer lassen uns das Leben spüren. Seine Schönheit, seinen Schrecken, seine Absurdität. Man sollte alles respektieren, aber bloß nicht alles wichtig nehmen. Am wenigstens sich selbst. Mut, Vertrauen und dann: huiiiii.

Genügsamkeit

Alle Guten sind genügsam.

JOHANN WOLFGANG VON GOETHE

L. sucht einen neuen Laptop. Nach intensiver Recherche, stundenlangen Forenbesuchen und diversen Vor-Ort-Checks hat sie den Computer ihrer Träume gefunden. Sie kauft ihn. Eine andere Marke bringt ein paar Monate später unerwartet ein besseres Gerät heraus. L. ist frustriert.

O. möchte einen Flachbildfernseher kaufen. V. hat auch einen, der O. sehr gut gefällt. Sie geht in ein Elektrogeschäft und kauft dasselbe Modell. Zu Hause stellt sie ihn auf und verschwendet keinen weiteren Gedanken daran. Ist doch nur ein Fernseher.

Zwei Geschichten, zwei Herangehensweisen. Der Psychologe Barry Schwartz bezeichnet den einen Entscheidungstyp als *Maximizer:* jemand, der bei allem nach Perfektion strebt. Den anderen Typus nennt er *Satisficer:* jemand, der damit zufrieden ist, etwas zu finden, das seinen Zweck erfüllt. Was macht glücklicher?

Je komplexer die Welt wird, desto mehr Entscheidungen müssen getroffen werden. Eine kompetente Wahl ist das eine, wichtiger aber ist die Fähigkeit, mit einer getroffenen Entscheidung zufrieden zu sein. Denn mittlerweile gibt es in jedem Bereich meist rasch etwas Besseres, Neueres, Schnelleres. *Maximizers* sind deshalb tendenziell unglücklicher als

Satisficers. Es ist auch schlicht anstrengender, das Optimum zu suchen, als sich mit dem zufrieden zu geben, was passt.

Natürlich gibt es Bereiche, in denen man nach dem Besten streben sollte: in seinen Beziehungen, bei dem, was man geben kann, bei der, die man sein könnte. Glück ist auch eine Annäherung an den Menschen, als der man gemeint ist. Diese Annäherung gibt unserem Leben eine Richtung und eine Form. Die Annäherung an materielle Perfektion hingegen beunruhigt oder zerstreut. Besonders in einer Zeit der *Fast Economy*, die auf kontinuierlichen Konsum und rasch wechselnde Produktionszyklen ausgelegt ist.

Der *Maximizer*, immer auf der Suche nach den perfekten Produkten, ist sowohl das ideale Subjekt solcher Verhältnisse als auch das unglücklichste – vor allem, wenn trotz gründlicher Recherche keine Zufriedenheit über das schlussendlich Gekaufte eintritt. Glück ist auch die Fähigkeit, dankbar zu sein für das, was man hat. Oder es zumindest zu schätzen zu wissen.

Das bedarf einer bewussten Anstrengung. Gerade werden wir alle ständig mit Menschen konfrontiert, die erfolgreicher, schöner oder besser sind als wir selbst. Das ist einerseits kränkend, andererseits lässt sich schnell Abhilfe schaffen. Denn überall warten neue Dinge, die uns versprechen, wir könnten durch sie selbstbewusster werden oder lässiger oder beliebter. Diese konsumorientierte Lebensweise lenkt uns Einzelne nicht nur auf schwer zu überwindende Weise vom Wesentlichen ab, sondern ist so ressourcenverbrauchend und abfallproduzierend, dass sie auf Kriegsfuß mit dem planetaren Ökosystem steht.

Vor allem aber berauben uns Neid und Perfektionsstreben der Freude, die darin liegen kann, mit den Dingen des eigenen Lebens vertraut zu werden. Dafür muss man erst einmal

zu ihnen vordringen – ob durch Ausmisten oder durch Annehmen. Ich selbst bin nach vielen Umwegen und Häutun-
gen bei einer lebbaren Anzahl von Gegenständen angelangt,
die mich mit meiner Geschichte und allen, die ich liebe, verbindet. Eine alte Kommode von meiner Mutter, die ich neu
gestrichen habe. Der Blu-Ray-Player, den mein Bruder mir
geschenkt hat. Oder der Fernseher, den ich vor vielen Jahren
auf Raten gekauft habe; er hat die perfekte Größe für alles,
was meiner Tochter sich gerne ansieht. Ich brauche keinen
neuen Fernseher, ich brauche keinen anderen Fernseher. Ich
habe diesen Fernseher lieb.

Genügsam zu sein bedeutet nicht, auf alles zu verzichten,
sondern sich auf das Wesentliche zu besinnen und sich bewusst daran zu freuen. Man könnte fast von einen dritten
Entscheidungstypen sprechen: dem *Hedonizer*. Denn ihren
Wert bekommen die Dinge nicht durch ihren Preis, sondern
durch die Bedeutung, die sie für uns haben. Und je mehr
wir sie zu schätzen wissen, desto größer ist die Freude, die
sie uns schenken.

Genügsamkeit ist ebenso gut für die Erde wie für die
Seele. Denn eigentlich brauchen wir gar nicht so viel. Die
menschlichen Grundbedürfnisse sind einfach. Nach dem
Psychologen Abraham Maslow sind es aufeinander auf-
bauend: körperliche Bedürfnisse, Sicherheitsbedürfnisse, soziale Bedürfnisse wie Zugehörigkeit und Status, individuelle
Bedürfnisse wie Anerkennung und Beachtung und schließlich Selbstverwirklichung. Die meisten von ihnen werden im
Miteinander befriedigt, nicht in den Geschäften. Und je weniger Zeit man für die Befriedigung materieller Bedürfnisse
aufwendet, desto mehr bleibt für das, was wirklich zählt: Entfaltung und Teilhabe, Besinnung und Beitrag, Veränderung
und Liebe.

Erneuerung

Das Werk der Zeit muss aufgehoben werden,
der morgendliche Augenblick,
der der Schöpfung voranging,
wiedergewonnen werden.

MIRCEA ELIADE

Einatmen. Ausatmen. Die Zeit verrinnt. Alles Lebende er-
blüht, duftet, vergeht. Es regiert der zweite Hauptsatz der
Thermodynamik – das Universum tendiert zu fortschrei-
tender Unordnung und nichts kann diesem unaufhaltsamen
Auflösungsprozess widerstehen. Auch wir nicht. Und doch
geht jeden Morgen die Sonne auf, trägt jede neue Blüte die
Frische des ganzen Lebens in sich, schläft die Welt jeden
Winter, um jeden Frühling wieder zum Leben zu erwachen.

Das ist der Beat des Seins: unablässiger Verfall und stete
Erneuerung. Wie alles Lebendige, nicken auch wir Menschen in diesem Takt. Einatmen. Ausatmen. Wieder einatmen. An den Verfall muss mich niemand erinnern, der
bringt sich schon selbst ins Gedächtnis und mit ihm die
ganze hässliche Bande: Leid, Krankheit, Schmerz. Mono-
tonie, Resignation, Verzweiflung. Es ist doch unerträglich,
das eigene Leben, den eignen Körper so dahinrutschen zu
sehen, auf dieses allzu vorhersehbare Ende zu, begleitet von
Wiederholungen des Immergleichen und dem unaufhaltsamen Vergehen der Zeit.

Die Erneuerung vergisst sich leicht. Doch wer glücklich sein will, braucht Rituale des Neubeginns, kleine und große. Es geht um diese heiligen Momente, die uns daran erinnern, dass wir Anteil am Unendlichen nehmen, dass unsere Unbeweglichkeit nur ein Käfig aus langjährigen Gewohnheiten ist, dass wir alles ablegen können und neu beginnen, jetzt und hier, solange wir lebendig sind. Es liegt allein an uns, uns aus dem Staub der Tage zu erheben. Wir haben die Wahl. Jeder Morgen, jede Stunde, jede Sekunde trägt in sich die Chance, diesmal alles anders zu machen. Jetzt ist der erste Augenblick deines neuen Lebens, jetzt, jetzt, jetzt. Oder nie.

Manchmal muss man auch einfach nur den Dreck der Welt abwaschen und gestärkt zum eigenen Dasein zurückkehren. Die Kunst der Erfrischung ist der Schlüssel zur inneren Jugend, solange sie währt. Das Waschen der Füße ist eine tröstliche Art des Heimkommens, das Putzen der Wohnung säubert die Seele gleich mit, und jedes Mal, wenn Wasser über meinem Kopf zusammenschlägt, fühle ich mich getauft, gereinigt und meiner Sünden enthoben. Vor allem bei einem morgendlichen Bad im Meer; ich spüre die Weite, die davon spricht, dass alles mit allem verbunden ist und keiner so allein in der Welt, wie es ihm unter dem Staub des Alltags erscheinen mag. Und ich höre die Wellen, die mich tröstend umspielen und dabei raunen: Du bist vollkommen und liebenswert und frisch wie am ersten Morgen; gehe hin, beginne von Neuem, es sei dir vergeben.

Vergebung lässt uns neu werden. Nichts ist erquickender als eine echte Beichte. Die schmutzige Seelenlandschaft vor einem verständnisvollen Herzen ausbreiten zu dürfen, den eignen Fehlern ins Gesicht zu sehen, alle Kleinheit und Gier und Eitelkeit auszuleuchten und für einen Augenblick ganz und gar von sich zu weisen, das ist eine fast göttliche Gnade. Dafür braucht es keine Kirchen und keine Priester, nur jemanden, der zuhört. Und sei es man selbst. Oder das weite Meer.

Erfrischend sind auch tiefer Schlaf, nutzloses Gedöse oder diese wortlose Langeweile ohne Internet und ohne Ablenkung, in der die Seele langsam wieder zur Besinnung kommt. Alle Momente der Erneuerung verbindet ein Charakterzug: Selbstvergessenheit. Je mehr du dich aufgibst, desto mehr wirst du dich erringen.

Am Ende bleibt nur ein großes Staunen. Nichts ist selbstverständlich, nichts bis ins Letzte zu begreifen, alles ist in ewiger Bewegung. Das Leben vergeht, entsteht, vergeht, entsteht erneut – und wir, wir sollten uns diesem Rhythmus fügen. Loslassen und ergreifen, ruhen und schaffen, scheitern und neu beginnen. Ein Dasein, das diese Taktung verliert, dient allein dem Gott der Geschwindigkeit: Velozifer. Alles, was einatmet, muss auch ausatmen, und gesegnet sind die, die es verstehen, im rechten Moment die Luft anzuhalten.

Nachwort

Seit der ersten Veröffentlichung der *Glücksversuche* als Kolumne auf www.welt.de sind mehr als zehn Jahre vergangen. Für die vorliegende vollständige Überarbeitung stellte sich die Frage: Was bleibt? Und wie bleibt das Glück?

Ein klarer Geist, ein bewohnter Körper, ein Gefühl für Sinn. Glück ist Einklang mit dem Leben; eine gelungene Beziehung zu sich, zu anderen und zur Welt. Gewiss ist auch, dass es widersprüchlich ist: Selbsterinnern und Selbstvergessen, Eigensinn und Teilhabe, Wachstum und Dankbarkeit. Doch am wichtigsten scheint es mir, die in der Frage nach dem Glück steckende Einladung anzunehmen und darüber nachzudenken, was einen selbst glücklich macht, tröstet, bereichert und erhebt.

Beim Lesen der alten Kolumnen ist mir aufgefallen, dass sich die Antworten auf diese Fragen verändert haben, weshalb es unabdingbar ist, sie immer wieder neu zu stellen. Über Glück nachzudenken heißt, in einen Spiegel zu blicken, und jede Lebensphase hat ihre eigenen Herausforderungen. Wie Heraklit sagt: »Alles fließt.« Alles ist im Wandel, und Dinge, die einem zu einem bestimmten Zeitpunkt unlösbar oder unverzichtbar erscheinen, können vollkommen an Bedeutung verlieren. Denn nicht das Glück ist flüchtig, sondern wir.

Vieles bleibt auch bestehen, darunter die Macht guter Gewohnheiten. Einige Schwierigkeiten, die ich früher hatte,

habe ich heute nicht mehr, auch dank des lebensverändernden Ratschlags: Mach es gleich. Man kann aber nicht nur
seine Neigung zur Prokrastination überwinden, sondern
sich ebenso angewöhnen, besser zu essen, sich mehr zu bewegen, liebevoller mit anderen Menschen umzugehen. Und
gütiger mit allen unvermeidlichen Rückfällen zu sein. Letztlich dienen solche Selbstannäherungen dazu, sich das Leben anzueignen. Dazu gehört die Fähigkeit, sich an der Welt
zu freuen. Ein Sinn für das Schöne ist ein echter Glücksgarant, ebenso die Freude an Büchern und an der Natur.

Und natürlich die Freude an anderen Menschen. Beziehungen intensivieren sich über die Jahre, wachsen, werden
verbindlicher. Das ist ein großes Glück, um das wir uns bewusst bemühen können. Auch sonst zeigt sich im Laufe der
Jahre die gütige Seite der Zeit – was einst nur Anfang war
und Keimling, ist herangewachsen, hat sich verfestigt, trägt
manchmal schon Früchte.

Was bleibt ist ebenso die simple Gleichung: Unglück =
Erwartetes – Erreichtes. Je weniger ich erwarte, desto zufriedener bin ich mit dem, was tatsächlich geschieht. Das betrifft
auch den Umgang mit Zukünftigem. Wenn ich eines mit
Gewissheit sagen kann, dann, dass keine Sache, die ich mir
genüsslich vorgestellt habe, jemals eingetroffen ist. Kein.
Einziges. Mal. Mehr noch, mir etwas Zukünftiges allzu präzise auszumalen, scheint geradezu dafür zu sorgen, dass es
nicht geschieht. Dieses Ausmalen betrifft nicht abstrakte
Pläne wie die Absicht, an einem bestimmten Tag an einen
bestimmten Ort zu fahren, sondern das tagträumerische
Hineindenken, wie es dort sein, wie man sich fühlen, was
man sagen und wem man begegnen wird. Als Schutz vor diesem mir ebenso unerklärlichen wie unausweichlich schei-
nenden Mechanismus schaue ich nur mit halbgeschlosse-

nen Augen in das Kommende und verbiete mir alle Formen sehnsüchtiger Antizipation.

Aber auch sonst ist es unerlässlich, die Erwartungen gering zu halten. Sie sind nicht nur Täuschungen, die auf Ent-Täuschung warten, sondern ebenso Verstrickungen, welche uns an herbeifantasierte Bilder ketten, die unglücklich machen. Das betrifft andere Menschen, Beziehungen und das Kommende ebenso wie Hoffnungen auf ein gutes Gefühl, nachdem man etwas Bestimmtes erreicht hat. Es mit den Erwartungen aufzunehmen heißt, mit dem Glück ernst zu machen. Vor allem, wenn man zugleich das Erwartbare im Blick behält. Es lohnt, darüber nachzudenken, was das eigentlich ist. Was wir einander schulden und wie wir dies achten. Und ob nicht nur die anderen Menschen, sondern auch andere Lebensformen und die Erde etwas von uns erwarten können: Mäßigung, Verzicht, den Wunsch, etwas zurückzugeben.

Es macht glücklich, Dinge wieder in Ordnung zu bringen. Es macht glücklich, nicht nur an sich zu denken, sondern sich als Teil eines größeren Ganzen zu verstehen. Lieben heißt teilen, Lieben heißt Anteil nehmen. Am Ganzen des Lebens Anteil zu nehmen, ist beglückend, aber auch an uns selbst müssen wir Anteil nehmen, wenn wir einen Sinn erfahren wollen, der über das, was man gerade so denkt und tut, hinausgeht.

So ein tieferer Sinn für sich und sein Leben beginnt damit, dass man sich zuhört – und dass man die Zeit hat, sich zuzuhören. Epikur hatte recht: »Die schönste Frucht der Selbstgenügsamkeit ist die Freiheit.« Je weniger ich brauche, desto mehr kann ich spüren. Je weniger ich kaufe, desto unabhängiger bin ich. Je weniger ich verbrauche, desto leichter sind die Spuren, die ich hinterlasse, und desto mehr bleibt für all die anderen, die mit mir sind.

Die Frage nach dem Genug hat viele Facetten, und glücklich ist, wer sein Maß kennt und es einhalten kann. Genug zu haben heißt zu wissen, was man braucht, es heißt aber auch, das zu schätzen, was man hat. Viele glückliche Augenblicke ziehen vorüber, ohne dass wir ihrer gewahr werden. Der Schriftsteller Kurt Vonnegut erzählt dazu die Geschichte seines Onkels Alex, der ein sehr belesener Versicherungsvertreter war. Ihm war aufgefallen, dass das größte Unglück der Menschen darin bestand, dass sie nicht merkten, wenn sie glücklich waren. Deshalb hatte er sich angewöhnt, in schönen Momenten, wenn man beispielsweise draußen saß, an einem Sommertag unter einem blühenden Apfelbaum, Limonade schlürfte und sich leichthin über dieses und jenes unterhielt, auszurufen: »If this isn't nice, I don't know what is.« Wenn das hier nicht schön ist, weiß ich auch nicht, was schön sein soll.

Glück ist der Kampf des Menschen gegen seine biologische und psychologische Bedingtheit, gegen Achtlosigkeit, Unruhe und Gier. Sich darauf zu konzentrieren, was gerade geschieht und was daran erfreulich sein könnte, vereint den Kampf gegen die eigenen Erwartungen mit dem Kampf gegen die eigene Unersättlichkeit. Denn obwohl es viele Verbündete gibt auf dem Weg zum Glück, so ist doch die Gegenwart der einzige Ort, an dem wir es erfahren. In jedem Augenblick entfaltet sich das Leben, in seiner Schönheit, seiner Schmerzlichkeit, seiner unermesslichen Mannigfaltigkeit. Glück ist, einen Sinn für dieses Ganze zu haben. Einen Sinn, der um die Brüchigkeit der Dinge weiß, und deshalb auch einfache Momente, in denen alles nur okay ist, zu schätzen weiß.

Doch diese Freude über alles, was ist, wäre nichts, ohne die Verantwortung für alles, was wird. Ein Mensch zu sein heißt, eine Wahl zu haben. Und diese Wahl zählt. Unsere Entscheidungen beeinflussen nicht nur unsere eigene, sondern ebenso unsere gemeinsame Zukunft. Es macht etwas aus, ob wir uns bemühen, ob wir uns mäßigen und ob wir uns am Guten orientieren, das laut Aristoteles seinen Lohn in sich tragen soll. Ich weiß nicht, ob das immer zutrifft. Ich weiß nur, dass gute Menschen glücklichere Menschen sind, auch wenn sie nicht gefeit sind gegen Leid und Not. Sie sind glücklichere Menschen, weil sie empfindsamer leben, weil sie respektvoller mit dem Leben umgehen und weil sie ihr eigenes Urteil nicht fürchten müssen.

Bei der Suche nach dem Glück geht es letztlich darum, man selbst zu werden und gut mit allen, die mit einem sind, zusammenzuleben. Die damit verbundenen Fragen stellen sich uns allen gerade mit großer Dringlichkeit. Wie können wir wirtschaften, ohne unser planetares Ökosystem zu zerstören? Wie können wir auf die stattfindende Erderwärmung reagieren? Und wie können wir angesichts dessen unsere Rolle auf Erden neu denken – nicht als arrogante Krone der Schöpfung, sondern als Spezies unter Spezies, in Interdependenz und Austausch mit allem, was ist?

Dass unsere gemeinsame Zukunft gefährdet ist, erinnert uns alle an unsere Verantwortung für sie. Und obwohl die Übernahme dieser Verantwortung eine kollektive Aufgabe ist, beginnt sie bei jedem und jeder Einzelnen von uns. Wenn wir das Lebendige in uns achten, dann entwickeln wir auch einen Sinn für das Leben um uns herum. Wenn wir uns mit dem Leben verbunden fühlen, sind wir weniger verführbar, es zu konsumieren. Und wenn wir weniger abgelenkt sind, haben wir mehr Zeit für Dinge, die uns wirklich glücklich machen: Beziehungen, Naturerfahrungen und inneres Wachstum.

Ein glückliches Leben ist ein bewusstes Leben. Doch so, wie jeder von uns sich immer wieder neu mit seinem Dasein versöhnen muss und dabei immer neue Antworten auf sein Menschsein gibt, so müssen wir gerade alle zusammen, als Spezies, wieder einmal die alten Fragen stellen: Was brauchen wir? Was tut uns gut? Was tröstet, was bereichert, was erhebt uns? Was macht uns glücklich?

Und gerade weil es töricht wäre, die Augen vor den ökologischen Dringlichkeiten zu verschließen, ist es wichtig, unsere Fragen zu leben, wie der Dichter Rainer Maria Rilke es nennt. Diese oft schmerzliche Offenheit, die weiß, dass sie nichts weiß, die über alles staunen und alles hinterfragen kann, ist die beste Verbündete einer anderen Welt. Und damit von einem Glück, das uns nicht zufällt, sondern dem wir tätig entgegenleben.

Literaturverzeichnis

Alain, *Die Pflicht, glücklich zu sein*, Frankfurt am Main 1982

Arendt, Hannah, *Vita activa oder Vom tätigen Leben*, München 1967

Aristoteles, *Gesammelte Schriften*, Felix Meiner, Hamburg 1995

Aurel, Marc, *Selbstbetrachtungen*, Stuttgart 2007

Benjamin, Walter, *Gesammelte Schriften*, Frankfurt am Main 1972

Blixen, Tania, *Jenseits von Afrika*, Zürich 2017

Bormans, Leo, *Glück. The World Book of Happiness*, Köln 2011

Comte-Sponville, André, *Ermutigungen zum unzeitgemäßen Leben. Ein kleines Brevier über Tugenden und Werte*, Reinbek bei Hamburg 1996

Descartes, René, *Discours de la Méthode / Bericht über die Methode*, Berlin 2001

Easwaran, Eknath (Hrsg.), *Die Upanischaden*, München 2008

Eich, Günter, *Inventur: Ein Lesebuch*, Frankfurt am Main 1981

Ehrenreich, Barbara, *Smile or Die: How Positive Thinking Fooled America and the World*, London 2010

Ekman, Paul, *Gefühle lesen. Wie sie Emotionen erkennen und richtig interpretieren*, Berlin 2016

Epiktet, *Handbüchlein der Moral*, Berlin 1992

Epikur, *Philosophie der Freude*, München 1988

Freud, Sigmund, *Gesammelte Werke*, Frankfurt am Main 1968

Gracián, Baltasar, *Handorakel und die Kunst der Weltklugheit*, Stuttgart 1961

Grün, Anselm, *Das kleine Buch vom wahren Glück*, Freiburg im Breisgau 2001

Hägglund, Martin, *This Life. Secular Faith and Spiritual Freedom*, New York 2020

Hampe, Michael, *Das vollkommene Leben. Vier Meditationen über das Glück*, München 2009

Heidegger, Martin, *Sein und Zeit*, Berlin 2006

Hughes, Langston, *Not Without Laughter*, New York 2021

Illouz, Eva mit Cabanas, Edgar, *Das Glücksdiktat. Und wie es unser Leben beherrscht*, Berlin 2019

Jackson, Adam, *Die zehn Geheimnisse des Glücks*, München 1997

Kafka, Franz, *Tagebücher Band I & II*, Frankfurt am Main 2008

Kant, Immanuel, *Werke*, Darmstadt 2016

Kierkegaard, Søren, *Gesammelte Schriften I & II*, Zweitausendeins, Frankfurt am Main 2007

Klein, Stefan, *Die Glücksformel. Oder wie die guten Gefühle entstehen*, Reinbek bei Hamburg 2002

Levinas, Emmanuel, *Die Spur des Anderen. Untersuchungen zur Phänomenologie und Sozialphilosophie*, Freiburg im Breisgau 1999

Lyubomirsky, Sonja, *Glücklich sein. Warum Sie es in der Hand haben, zufriedener zu leben*, Frankfurt am Main 2008

Maugham, W. Somerset, *Gesammelte Erzählungen in zwei Bänden*, Zürich 2018

McLuhan, Marshall mit Fiore, Quentin, *Das Medium ist die Massage: Ein Inventar medialer Effekte*, Stuttgart 2016

Nettle, Daniel, *Glücklich sein. Was es bedeutet und wie man es wird*, Köln 2009

Nietzsche, Friedrich, *Gesammelte Werke. Kritische Studienausgabe*, Berlin 1999

Nin, Anaïs, *Labyrinth des Minotaurus*, München 1999

Platon, *Phaidon. Von der Unsterblichkeit der Seele*, Berlin 2012

Rousseau, Jean-Jacques, *Abhandlung über den Ursprung und die Grundlagen der Ungleichheit unter den Menschen*, Frankfurt am Main 1998

Rubin, Gretchen, *The Happiness Project*, New York 20123

Rumi, *Die Musik, die wir sind*, Freiburg 2009

Schwartz, Barry, *Anleitung zur Unzufriedenheit: Warum weniger glücklicher macht*, Berlin 2004

Seneca, Lucius Annaeus, *Das Leben ist kurz*, Stuttgart 2007

Sontag, Susan, *Krankheit als Metapher & Aids und seine Metaphern*, Frankfurt am Main 2003

Taureck, Bernd H. F., *Gleichheit für Fortgeschrittene*, Paderborn 2010

Toledo, Camille de, *Goodbye Tristesse. Bekenntnisse eines unbequemen Zeitgenossen*, Berlin 2006

Vonnegut, Kurt, *A Man Without a Country*, New York 2007

Wilson, Robert A., *Der neue Prometheus*, Berlin 1985

Zimbardo, Phil mit Boyd, John, *Die neue Psychologie der Zeit*,
Heidelberg 2009

Dank

Mein großer Dank gilt Thomas Hölzl, Caroline Wahl, Michael Zöllner und meiner Lektorin Julia Matthias für Austausch, Kritik und kreative Zusammenarbeit. Vielen Dank auch an Tom Müller und Tom Kraushaar. Und ein besonderer Dank geht an Oliver Michalsky, der die Kolumnen für www.welt.de betreut sowie an meinen Vater Richard von Schirach, der damals jede Einzelne von ihnen korrigiert und poliert hat.

www.tropen.de

Ariadne von Schirach
Der Tanz um die Lust
320 Seiten, Taschenbuch
ISBN 978-3-608-50483-5

Die Körper sind explodiert und die Anteilnahme ist erkaltet. Nur die Erregung ist geblieben.

Ariadne von Schirach beschreibt eine Welt, in der Jugend, Schönheit und Sexyness das Maß aller Dinge sind. Diese Diagnose ist heute noch so zutreffend wie zum Erscheinen ihres Bestsellers. Gibt es noch echte Gefühle, Begehren, Liebe? *Der Tanz um die Lust* ist eine scharfsichtige Gesellschaftsanalyse der frühen 2000er-Jahre und zugleich ein ebenso unterhaltsamer wie schonungsloser Streifzugzug durch den erotischen Großstadtdschungel – ein sexistisches Buch gegen Sexismus.

Ariadne von Schirach
**Du sollst nicht funktio-
nieren**
Für eine neue Lebenskunst
192 Seiten, Taschenbuch
ISBN 978-3-608-50232-9

Eine leidenschaftliche Beschwörung des echten Lebens

Wir wollen attraktiv sein und für immer jung bleiben. Wir streben nach Glück, Gesundheit, Erfolg.
Wir sehnen uns nach Anerkennung, Sicherheit
und Liebe. Und wir glauben, wenn wir nur hart
genug an uns arbeiten und immer alles richtig
machen, werden wir all das auch bekommen. Doch
stimmt das wirklich? Ariadne von Schirachs Essay
ist eine furiose Anstiftung, das Leben zu wagen,
anstatt es zu verwalten.

Ariadne von Schirach
Ich und du und Müllers Kuh
Kleine Charakterkunde für
alle, die sich selbst und
andere besser verstehen
wollen
184 Seiten, kartoniert
ISBN 978-3-608-96124-9

Besser kommunizieren im privaten Umfeld und im Berufsleben

Sechs pointierte Charakterskizzen helfen dabei,
andere und sich selbst besser einzuschätzen. Wie
ist die emotionale Grundstruktur, wie der kommu-
nikative Stil, wie das typische Verhalten in Beruf
und Privatleben?